能源转型与京津冀协同发展研究

张素芳 张涛 赵九斤 王鹏 王伟 等 编著

中国电力出版社
CHINA ELECTRIC POWER PRESS

内 容 提 要

推动京津冀能源转型，促进京津冀区域经济社会和生态环境的协调发展，既是落实"碳达峰、碳中和"目标的需要，也是推动京津冀协同发展国家战略的需要。本书主要探讨如何通过能源转型推动京津冀协同发展。全书共9章，分别为概述、京津冀协同发展战略实施情况分析、京津冀能源资源禀赋与能源生产消费特征、能源转型与京津冀协同发展的关联性分析、京津冀能源转型的环保效应分析、京津冀能源转型愿景与制约因素分析、能源转型与京津冀电力系统灵活性、京津冀能源协同发展行动、研究成果与建议。

本书既可供政府经济主管部门、各类能源企业、学术研究机构的工作者阅读，也可作为高等院校相关专业师生的学习用书。

图书在版编目（CIP）数据

能源转型与京津冀协同发展研究/张素芳等编著. —北京：中国电力出版社，2023.4
ISBN 978-7-5198-7644-9

Ⅰ. ①能… Ⅱ. ①张… Ⅲ. ①能源发展－研究－华北地区 Ⅳ. ①F426.2

中国国家版本馆 CIP 数据核字（2023）第 044791 号

出版发行：中国电力出版社
地　　址：北京市东城区北京站西街 19 号（邮政编码 100005）
网　　址：http://www.cepp.sgcc.com.cn
责任编辑：赵　杨（010-63412287）
责任校对：黄　蓓　王小鹏
装帧设计：郝晓燕
责任印制：石　雷

印　　刷：三河市百盛印装有限公司
版　　次：2023 年 4 月第一版
印　　次：2023 年 4 月北京第一次印刷
开　　本：710 毫米×1000 毫米　16 开本
印　　张：10.75
字　　数：161 千字
定　　价：55.00 元

版 权 专 有　侵 权 必 究

本书如有印装质量问题，我社营销中心负责退换

《能源转型与京津冀协同发展研究》
编著人员

张素芳　张　涛　赵九斤　王　鹏　王　伟

高杨鹤　黄　韧　曹雨洁　张　钰　邓　琦

赵　峰

前言

近几十年来，京津冀地区社会经济的快速发展带来了能源需求总量的持续增长。同时，京津冀地区又是我国大气污染最严重、资源环境与发展矛盾最为尖锐的地区。推动京津冀地区能源转型，促进京津冀区域经济社会和生态环境的协调发展，既是落实"碳达峰、碳中和"目标的需要，也是推动京津冀协同发展国家战略的需要。本书主要探讨如何通过能源转型推动京津冀协同发展。

本书首先从理论上研究了能源转型与京津冀协同发展的关联性，从实证上探究了能源转型给京津冀带来的环保效应；然后，提出京津冀能源转型的愿景与制约因素，以及能源转型与电力系统灵活性问题；再后，基于电网企业在京津冀能源协同发展行动中的各项举措，分析电网企业如何在京津冀能源转型发展中发挥重要作用，进而推动京津冀协同发展；最后，提出促进能源转型与京津冀协同发展的具体建议。

除第1章概述外，全书共包括五大部分：第一部分（第2章）研究京津冀协同发展战略实施情况。首先，采用文献分析法介绍京津冀协同发展战略的基本情况；然后，采用耦合协度模型评价京津冀协同发展水平；最后，采用文献分析法分析京津冀协同发展战略的主要举措、成效及问题。第二部分（第2~5章）研究能源转型与京津冀协同发展的关联性。首先，采用文献研究法分析京津冀能源资源禀赋及能源生产与消费的特点，说明经济社会发展对京津冀生态资源环境及气候变化带来的压力；然后，定性分析能源转型发展与京津冀协同发展的关联性；在此基础上，采用BVAR模型定量分析了二者之间的关系；最后，以电网企业和交通部门为例，实证分析了能源转型发展给京津冀地区带来的环保效应。第三部分（第6章）研究京津冀能源转型愿景与制约因素。首先，采用文献分析法明确了京津冀能源能源转型发展愿景的基本原则、实现途径和总体目标；然后，对京津冀风电与光伏发电理论装机容量进行了预测，并研究了京津冀装机容量优化问题；最后，探讨了京津冀能源转型的主要制约因素。第四部分（第 7、8 章）研究京津冀能源转型对电力系统的挑战与应对。首先，从理论上分析了能源转型给电力系统灵活性带来的挑战及京津冀电力系统灵活性的现状；然后，分析电网企业在京津冀能源协同发展行动中的举措，阐明电网企业在京津冀能源协同发展与能源转型中的重要作用。第五部分（第 9 章）提出促进京津冀能源转型发展的建议。本部分分别对政府和电网企业提出进一步推动京津冀能源转型与协同发展的具体建议。

本书是国家社会科学基金项目一般项目（项目号 21BJY012）的部分研究成果。本书由华北电力大学经济与管理学院张素芳组织编著，国家电网有限公司华北分部张涛，国家电网有限公司政策研究室赵九斤，华北电力大学国家能源发展战略研究院王鹏，华北电力大学马克思主义学院、北京能源发展研究基地王伟共同讨论确定全书体系框架、研究内容、研究思路与方法，并参与了初稿部分章节的撰写及全书的修改与审稿工作。参与书稿撰写工作的还有华北电力大学电气与电子工程学院的黄韧（参与撰写第 3～5 章）、华北电力大学经济与管理学院的曹雨洁（参与撰写第 6 章）与张钰（参与撰写第 2 章），国家电网有限公司华北分部的高杨鹤与赵峰（参与撰写第 8 章）以及华电电力科学研究院有限公司的邓琦（参与撰写第 7 章）。

本书的研究成果既丰富了能源转型和京津冀协同发展的理论研究，也为各级政府有关能源转型和京津冀协同发展政策的制定提供了支持，为能源电力企业更好地履行政治、经济、社会三大责任，实现企业战略目标提供了参考，具有一定的理论与现实意义。

因时间和水平有限，本书难免存在不妥或疏漏之处，恳请各位专家和读者批评指正。

编著者
2023 年 3 月

目 录

前言
1 概述 ··· 1
 1.1 研究背景和意义 ··· 1
 1.2 研究内容与框架结构 ··· 2
 1.3 研究方法与数据来源 ··· 4
 1.4 研究技术路线 ·· 5
 1.5 创新之处 ·· 5
2 京津冀协同发展战略实施情况分析 ·· 8
 2.1 京津冀协同发展战略概述 ··· 8
 2.2 京津冀协同发展战略相关政策分析 ···································· 11
 2.3 京津冀协同发展水平评价 ·· 17
 2.4 京津冀协同发展的主要举措、成效与问题 ························· 34
 2.5 小结 ··· 40
3 京津冀能源资源禀赋与能源生产消费特征 ·································· 42
 3.1 京津冀能源资源禀赋特征 ·· 42
 3.2 京津冀能源生产与消费特征 ··· 44
 3.3 小结 ··· 52
4 能源转型与京津冀协同发展的关联性分析 ·································· 53
 4.1 能源转型与京津冀协同发展关联性的定性分析 ·················· 54
 4.2 能源转型与京津冀协同发展关联性的定量分析 ·················· 59
 4.3 小结 ··· 66
5 京津冀能源转型的环保效应分析 ·· 68
 5.1 电力系统清洁化的环保效应 ··· 68

  5.2 交通领域电气化的环保效应 ·· 74
  5.3 小结 ·· 83
6 京津冀能源转型愿景与制约因素分析 ·· 84
  6.1 京津冀能源转型基本原则、途径与总体目标 ···························· 84
  6.2 京津冀电力负荷及可再生能源理论装机容量预测 ···················· 88
  6.3 京津冀能源转型愿景 ·· 98
  6.4 京津冀能源转型的制约因素分析 ·· 105
  6.5 小结 ·· 110
7 能源转型与京津冀电力系统灵活性 ·· 111
  7.1 能源转型给电力系统带来的挑战 ·· 111
  7.2 电力系统灵活性资源特性 ·· 113
  7.3 京津冀电力系统灵活性资源现状 ·· 115
  7.4 小结 ·· 122
8 京津冀能源协同发展行动 ·· 123
  8.1 能源战略协同 ·· 123
  8.2 能源设施协同 ·· 125
  8.3 能源治理协同 ·· 126
  8.4 能源绿色发展协同 ·· 127
  8.5 能源管理协同 ·· 128
  8.6 能源创新协同 ·· 129
  8.7 能源市场协同 ·· 130
  8.8 能源政策协同 ·· 131
  8.9 小结 ·· 132
9 研究成果与建议 ·· 134
  9.1 研究成果 ·· 134
  9.2 建议 ·· 137
附表 ·· 141
  附表1 2014年以来京津冀协同发展政策文件一览表 ···················· 141

附表 2　Johanson 协整检验结果（煤炭结构） ………………………… 148

附表 3　ARDL 短期修正模型及长期模型系数（煤炭） ……………… 148

附表 4　LM 检验结果（煤炭） …………………………………………… 149

附表 5　ARDL 短期修正模型及长期模型系数（石油） ……………… 149

附表 6　LM 检验结果（石油） …………………………………………… 150

附表 7　Johanson 协整检验结果（石油） ……………………………… 150

附表 8　ARDL 短期修正模型及长期模型系数（天然气） …………… 150

附表 9　LM 检验结果（天然气） ………………………………………… 151

附表 10　Johanson 协整检验结果（天然气） ………………………… 151

参考文献 ………………………………………………………………… 152

1 概　　述

1.1 研究背景和意义

京津冀土地面积 21.6 万 km^2，占全国的 2%。京津冀同属京畿重地，是我国最具发展活力的三大经济增长极之一。2021 年末，三地常住人口达 11010 万人，占全国的 7.79%；地区生产总值达 96355.95 亿元，占全国的 8.4%；社会消费品零售总额达 32147.3 亿元，占全国的 7.29%；进出口总额达 6124.8 亿美元，占全国的 11.36%。与此同时，京津冀也是我国重要的能源生产与消费的重点区域。

2012 年以来，京津冀地区大气污染问题日趋严重，资源环境与发展矛盾日趋尖锐，引起了全社会的高度关注。2014 年 2 月 26 日，习近平总书记在专题听取京津冀协同发展工作汇报时强调，实现京津冀协同发展，是实现京津冀优势互补、促进环渤海经济区发展、带动北方腹地发展的需要，是一项重大国家战略。2015 年 4 月 30 日，中共中央政治局会议审议通过《京津冀协同发展规划纲要》，为推动京津冀协同发展提供了基本遵循和行动纲领。根据该规划纲要，京津冀协同发展战略以疏解"北京非首都功能"为基本出发点，以交通一体化、生态环境保护和产业升级转移三大重点领域为突破口，目的是实现京津冀三地资源在更大范围内的优化配置。

能源是经济和社会发展的基础。2012 年以来，在党中央"能源革命"战略思想指引下，我国确立了建设清洁、低碳、安全、高效的现代能源体系目标，加快了能源生产和利用由黑色、高碳走向绿色、低碳，能源消费由粗放、低效走向节约、高效的能源转型步伐。电力行业绿色转型是能源转型的关键。电网作为连接电力能源生产和消费的基础平台，是电力行业能源转型的枢纽和中心环节，在电力行业能源转型中发挥着至关重要的作用。

2020年3月，国家电网有限责任公司明确将"具有中国特色国际领先的能源互联网企业"确立为引领公司长远发展的战略目标。其中，"中国特色"体现为坚定不移服务党和国家工作大局，体现为走符合国情的电网转型发展和电力体制改革道路，体现为全面履行政治责任、经济责任、社会责任。为推动公司"具有中国特色国际领先的能源互联网企业"战略目标落地，2020年4月，公司启动了能源转型与区域协调发展的研究工作，探讨电网企业如何在能源转型中发挥积极作用，为区域协调发展服务。能源转型与京津冀区域协同发展研究，是该项研究的重要组成部分。

自2014年京津冀协同发展战略实施以来，大量文献从环境、产业、交通以及技术创新等方面研究了京津冀协同发展问题。但是，从能源转型角度研究京津冀协同发展问题的文献匮乏。虽然研究能源转型问题的文献汗牛充栋，但这些文献大多基于国家或省（市）层面的研究，基于区域层面的研究不多。本研究从理论上探讨能源转型对京津冀协同发展的作用机理，从实证上分析能源转型对京津冀协同发展的影响，以弥补现有文献缺乏将二者结合研究的不足。

本研究不仅可以丰富能源转型与京津冀协同发展的理论研究，而且可为各级政府政策以及电网企业经营战略的制定提供决策支持，推动京津冀能源转型，进而促进京津冀区域经济社会和生态环境的协调发展，还可为国家电网企业更好地履行政治、经济、社会三大责任，推动公司"具有中国特色国际领先的能源互联网企业战略目标"的落实。因此，具有重要的理论和现实意义。

1.2　研究内容与框架结构

本书主要研究能源转型与京津冀协同发展的关系，以及电网企业如何推动京津冀能源转型，进而推动京津冀协同发展。重点研究5个问题：①能源转型与京津冀协同发展的关联性；②京津冀能源转型愿景与制约因素；③能源转型与京津冀电力系统灵活性；④电网企业推动京津冀能源协同发展的实践；⑤推进京津冀能源转型的具体建议。除第1章之外，本书其余各章主要内容如下：

第2章京津冀协同发展战略实施情况分析。该章采用文献研究法，首先分析京津冀协同发展战略提出的背景、战略内涵以及理论与现实意义；其次，分析京津冀协同战略提出后，国家及京津冀三地政府出台的主要政策；再次，采用主成分分析法，对京津冀交通、生态环境、产业及公共服务系统的协同水平进行定量评价；最后，分析推动京津冀协同发展的主要举措及成效，以及协同发展中存在的主要问题。

第3章京津冀能源资源禀赋与能源生产消费特征。该章采用文献分析法，首先分析京津冀能源资源禀赋特点，其次分析京津冀能源生产与消费特点，旨在通过揭示三地能源资源分布不均，能源生产与消费特征方面的显著差异，一方面说明该区域能源转型的重要性；另一方面为第4章分析京津冀能源转型与京津冀协同发展的关联性提供基础数据支撑。

第4章能源转型与京津冀协同发展的关联性分析。如何分析能源转型与京津冀协同发展的关联性，既是本研究的重点也是本研究的难点。该章从定性与定量两个方面，深入探讨了这个问题。考虑到京津冀交通一体化、生态环境保护和产业升级转移是京津冀协同发展的三大重点领域，因此，该章首先定性分析了能源转型与这三大领域的关系；然后，通过 BVAR 模型，选取 GDP 与工业碳排放总量作为京津冀协同发展的评价指标，选取可再生能源装机占比、电力消费总量、能源强度作为能源转型评价指标，实证分析了能源转型与京津冀协同发展的动态关联性。

第5章京津冀能源转型的环保效应分析。电力系统和交通系统是京津冀能源转型的两个重点领域，而生态环境保护是京津冀协同发展的三大重点领域之一。电力系统的能源转型体现为电力系统清洁化，交通系统的能源转型体现为交通系统的电气化。该章重点分析电力系统和交通系统的能源转型对京津冀环境的影响，亦即这两个系统能源转型的环保效应。

第6章京津冀能源转型愿景与制约因素分析。该章首先基于政府有关文件，明确京津冀能源转型的基本原则、实现途径与总体目标；其次，建立模型，从减少资本投入、能源投入、二氧化碳排放量和考虑社会效应等方面。在对京津冀地区负荷以及可再生能源理论装机容量预测的基础上，对该地区 2020—2050

年能源转型中各类能源装机容量进行优化，将最优电力装机容量结果作为该地区 2025—2050 年能源转型愿景；最后，进一步分析实现京津冀能源转型的各种制约因素。

第 7 章能源转型与京津冀电力系统灵活性。电力在能源转型过程中扮演越来越重要的角色。在大规模可再生能源并网发电的背景下，电力系统对灵活性资源要求日益增加，需要挖掘和利用更多灵活性资源。该章首先从电力保障、供电可靠性和电力系统灵活性三个方面，分析能源转型对电力系统的挑战；其次，从电源侧、电网侧、用户侧和储能四个维度，分析电力系统灵活性资源特性以及京津冀电网灵活性资源现状。该章旨在说明能源转型对电网企业带来的挑战。

第 8 章京津冀能源协同发展行动。京津冀能源协同发展是能源转型与协同发展的有机结合。该章逐一分析《京津冀能源协同发展行动计划（2017—2020年）》提出的能源战略协同、设施协同、治理协同、绿色发展协同、管理协同、创新协同、市场协同、政策协同"八大协同"的重点任务，以及电网企业在各项任务中的具体举措及成效。旨在通过实例分析，探究电网企业如何在京津冀能源协同发展中发挥作用，进而推动能源转型与京津冀协同发展战略的落地。

第 9 章研究成果与建议。该章总结全书的主要研究工作及研究成果，并基于这些研究结论，分别对政府和电网企业提出了进一步推动京津冀能源转型与协同发展的具体建议。

1.3　研究方法与数据来源

1.3.1　研究方法

本书综合采用文献研究、定性分析、定量分析及案例分析等研究方法。

（1）文献研究法。重点研究了中央政府及京津冀三地政府有关京津冀协同发展战略的文件、京津冀社会经济发展和能源电力统计资料、国内外有关京津冀协同发展的学术文献以及电网企业的内部资料。

（2）定性分析法。在京津冀协同发展现状、京津冀与长三角、珠三角协同发展的比较分析以及能源转型与京津冀协同发展的关联性分析方面，都采用了定性分析方法。

（3）定量分析法。建立了多个模型，定量分析了能源转型与京津冀协同发展的关联性、京津冀电力行业和交通行业能源转型的环保效应以及京津冀能源转型预测与优化等。

（4）案例分析法。对京津冀能源协同发展八个典型案例进行了分析，探索了京津冀能源转型实践经验。

（5）专家访谈法。就京津冀电网灵活性现状以及京津冀能源协同发展的具体实践，在文献研究法的基础上，对华北电网的一些专家进行了访谈。

1.3.2 数据来源

本书资料与数据主要来源于国家统计局统计年鉴、京津冀三地政府官方网站、相关研究领域的中英文学术论文及研究报告、电网企业内部资料。

1.4 研究技术路线

本书研究技术路线如图1-1所示。

1.5 创新之处

本书创新之处体现在以下四个方面：

（1）综合采用主成分分析法和协同耦合度分析法，从交通、生态环境、产业转型和公共服务四个方面，定量评价了京津冀协同发展水平，弥补了现有文献缺乏相关研究的不足。

（2）定性分析了能源转型与京津冀协同发展相互作用机理，并运用BVAR模型对二者关系进行了定量分析，弥补了现有文献缺乏对二者关系进行系统研究的不足。

研究思路	研究内容	研究方法
整体框架	**第1章 概述** 研究背景及意义 → 研究内容 / 框架结构 → 研究方法与数据来源 → 主要创新点	文献研究 定性分析 定量分析 案例研究
现状分析	**第2章 京津冀协同发展战略实施情况分析** 战略背景、战略内涵、战略理论、现实意义 → 政策分析 / 实证分析 / 主成分分析法 → 协同水平（交通产业、生态环境、公共服务）→ 战略的成效及问题	文献研究 主成分分析法
数据支撑	**第3章 京津冀能源资源禀赋与能源生产消费特征** 资源禀赋特点、能源生产消费特点 → 数据 → 三地资源分布不均 / 生产消费特征迥异 → 区域能源转型的重要性	数据搜集 文献研究
理论基础	**第4章 能源转型与京津冀协同发展的关联性分析** 交通一体化、京津冀协同发展、生态环境保护、产业升级转移 → 能源转型与京津冀协同发展之间的定性分析 → 定量分析 → 指标选取	比较研究法 BVAR模型
案例分析	**第5章 京津冀能源转型的环保效应分析** 三大重点领域 → 选择 → 生态环境保护 → 电网企业 / 交通部门 → 减排效应分析	情景分析法 BASS模型 LMDI
愿景与制约	**第6章 京津冀能源转型愿景与制约因素分析** 文献研究法 → 京津冀能源转型（基本原则、实现途径、总体目标）→ 发展愿景 / 定量分析 / 制约因素	灰色关联度 偏最小二乘回归
电网现状	**第7章 能源转型与京津冀电力系统灵活性** 电力系统挑战（电力保障、供电可靠、系统灵活性）→ 电力系统灵活性资源特性 → 电源侧 / 电网侧 / 用户侧 / 储能 → 京津冀电网灵活性资源现状	专家访谈 实地调研
案例分析	**第8章 京津冀能源协同发展行动** 八大协同（设施协同、治理协同、绿色发展协同、管理协同、创新协同、市场协同、战略协同、政策协同）→ 电网企业的举措及成效	实地调研
	第9章 研究成果与建议	

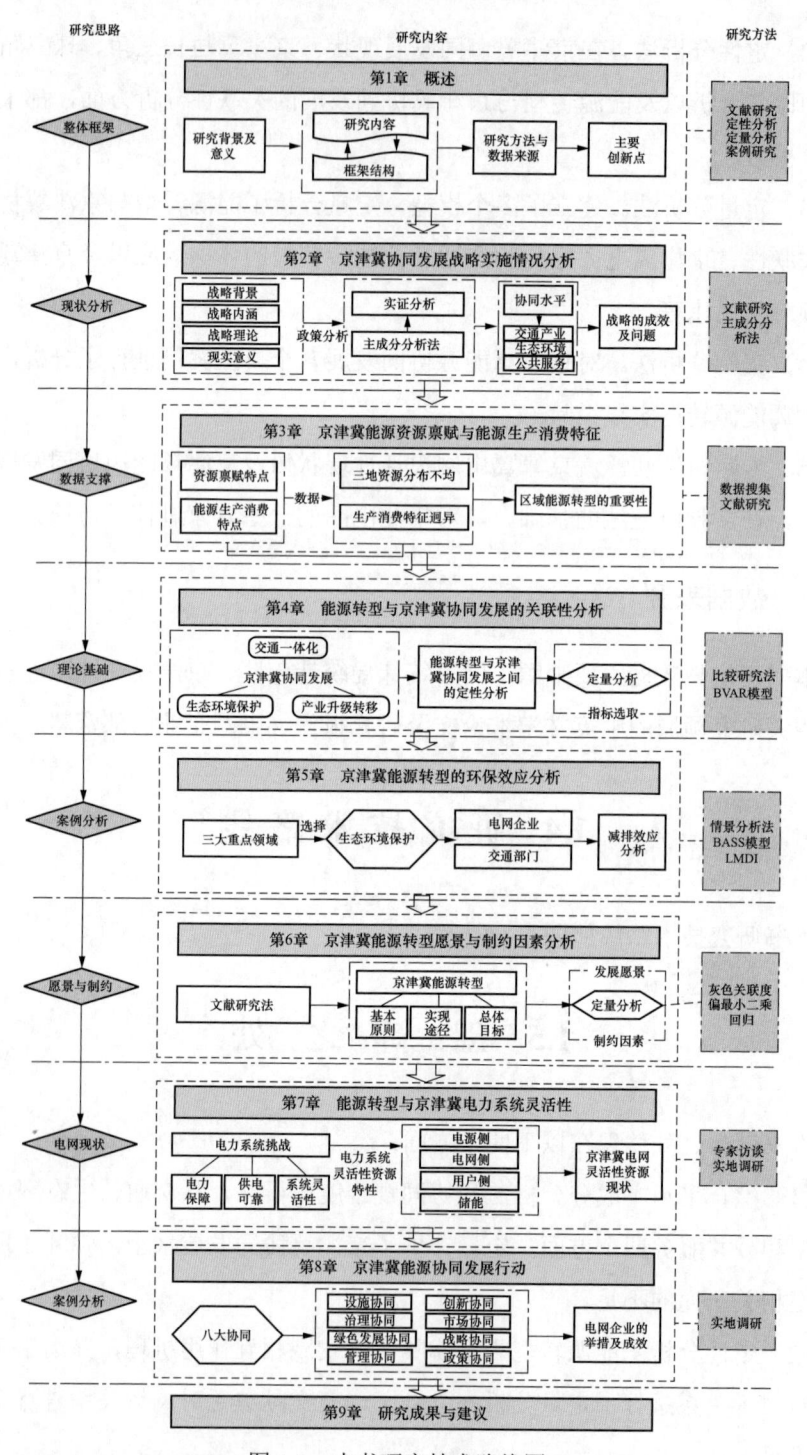

图 1-1　本书研究技术路线图

（3）定量分析了京津冀电力行业以及交通行业能源转型的环保效应，弥补了现有文献多从省市或国家层面研究能源转型的环保效应，缺乏从区域层面分析的不足。

（4）从减少资本投入、能源投入、二氧化碳排放量和考虑社会效应等方面，对京津冀地区未来各类能源装机情况进行了预测和规划。并结合京津冀地区实际和规划模型结果，分析了京津冀当前完成能源转型的制约因素，弥补了现有文献缺乏相关研究的不足。

2 京津冀协同发展战略实施情况分析

本章首先从京津冀协同发展战略提出的背景、内涵以及理论与现实意义等方面，概要介绍京津冀协同发展战略的基本情况；然后，分析京津冀协同战略实施以来出台的主要政策，从政策角度分析京津冀协同发展实施现状；再后，采用主成分分析法，定量分析京津冀协同度；最后，分析自 2014 年以来实施京津冀协同发展战略的主要举措及成效，以及协同发展中存在的主要问题。

2.1 京津冀协同发展战略概述

2.1.1 京津冀协同发展战略提出的背景

京津冀地区是我国经济最具活力、创新能力最强、吸纳人口最多的地区之一，战略地位十分重要。然而，与长三角和珠三角等其他城市群相比，京津冀地区由于其行政色彩相对浓厚，市场机制无法充分发挥作用等问题，导致京津冀地区的协同发展略逊于长三角和珠三角，区域内城市间的发展也十分不均衡。北京作为首都，对天津和河北等周边城市的"虹吸效应"明显，集聚了一大批企业总部、国家级高校，同时优质的医疗服务、人才和技术等资源也高度集聚，生产要素的跨地区流动较弱，周边地区的资源相对较少，使京津冀地区的整体资源无法实现相对最优配置。因此，为了进一步释放京津冀地区的经济活力，使其成为国家经济发展的重要引擎和参与国际竞争合作的先导区域，京津冀区域的协同发展至关重要，迫在眉睫。

京津冀地区协同发展的理念最早出现于 1981 年。当时成立的华北经济技术协作区是全国最早的区域经济合作组织，旨在通过发挥各城市的优势，加强华北地区（京、津两市和冀、晋、内蒙古三省区）各城市之间的经济和技术协作，共同发展。但是限于行政区域分割思维，最终华北经济技术协作区被撤销。2004年，北京城市规划去掉了北京市"经济中心"的定位，将其定位为"国家首都、政治中心、文化中心、宜居城市"。2005年，天津市滨海新区被纳入国家发展战略，成为国家重点支持开发开放的国家级新区。为了配合北京市新的功能定位，同时促进天津滨海新区的大规模建设，2018年，国家发展改革委牵头在河北廊坊召开了京津冀区域合作论坛，达成了著名的"廊坊共识"，提出在公共基础设施、生态环境保护、产业和公共服务等方面加速一体化进程的设想。但是，由于全球金融危机爆发等多种原因，有关合作文件一直没有出台，相关推进机制与具体行动也收效甚微。因此，京津冀地区协同发展一直处于停滞状态。

2012年以来，京津冀地区严重的雾霾问题引起了全社会对北京"大城市病"以及河北产业结构的普遍关注。一方面，高层认识到北京市功能过多、资源过度集聚，造成了人口膨胀、交通拥挤、住房困难、环境恶化、资源紧张、物价过高等"症状"；另一方面，河北省经济严重依赖能源密集型产业，人才等资源匮乏，产业升级困难重重。面对这些严峻问题，国家和地方政府形成了一个普遍共识，即京津冀区域协同发展是解决这些问题的重要方式。2015年4月，中共中央政治局会议审议通过《京津冀协同发展规划纲要》（简称《规划纲要》），为推动京津冀协同发展提供了基本原则和行动纲领，至此京津冀协同发展被正式纳入国家发展战略。

2.1.2　京津冀协同发展战略的内涵

京津冀协同发展战略的内涵是，由中央政府主导推动，以构建跨行政区合作机制为行动路径，以疏解非首都核心功能为出发点，以三大领域重点突破为支点，实现京津冀三地在更大范围内优化资源配置、优势互补和互利共赢的区域发展国家战略。

（1）由中央政府主导推动。自2014年京津冀协同发展成为重大的国家战略以来，按照京津冀协同发展领导小组总体部署，领导小组同国务院多个部门、三省市,以及京津冀协同发展专家咨询委员会广泛讨论,并组织专门小组,集中开展京津冀协同发展纲要文件的编制工作,最终形成了《规划纲要》。该文件明确了京津冀协同发展的指导思想、基本原则、发展目标、功能定位、空间布局和重点领域等多方面内容,为推动京津冀协同发展提供了明确方向,对京津冀协同发展有重大的指导意义。

(2)以跨行政区合作机制为行动路径。早期京津冀区域发展试图采用一体化治理方式,即超越行政区划的限制,在三地推进统一市场建设,促进产品、劳动力、资本等生产要素自由流动的方式。但是,这种方式操作难度大,运作成效不显著。以跨行政区合作机制为行动路径的京津冀地区协同治理,考虑了京津冀三地产业结构差异明显、发展差距过大,且政治和经济地位不平等的现实情况,通过设立多方参与的对话平台,在协商、交流和承诺的基础上,进行决策,各方依据共识决策采取合作行动。这种合作机制的行为路径更加符合京津冀区域的现实发展,可操作性更强。

(3)以疏解非首都核心功能为出发点。有序疏解北京非首都功能,是京津冀协同发展的出发点和关键环节。《规划纲要》提出,北京市的定位是"全国政治中心、文化中心、国际交往中心、科技创新中心",为此,北京市需要优先重点疏解以下四类非首都功能:一般性产业特别是高消耗产业,区域性物流基地、区域性专业市场等部分第三产业,部分教育、医疗、培训机构等公共服务功能,部分行政性、事业性服务机构和企业总部。

(4)以三大重点领域突破为支点。以交通领域、生态环保领域和产业领域为突破点,将京津冀区域协同发展向细分领域推进,对于京津冀其他方面的协同发展具有重要的借鉴意义。根据《规划纲要》,交通领域要构建以轨道交通为骨干的多节点、网格状、全覆盖的交通网络;生态环保领域,要打破行政区域限制,加强生态环境保护和治理,扩大区域生态空间;产业领域要加快产业转型升级,打造立足区域、服务全国、辐射全球的优势产业集聚区。

2.1.3 京津冀协同发展战略的理论和现实意义

(1)丰富习近平新时代中国特色社会主义思想。党的十九大报告把十八大以来党的理论创新成果概括为习近平新时代中国特色社会主义思想，其核心内容包括实现社会主义现代化和中华民族伟大复兴，完善和发展中国特色社会主义制度、推进国家治理体系和治理能力现代化。京津冀协同发展战略思想是党中央、国务院在新的历史条件下做出的重大决策部署，它从整体上长远谋划中国特色首都治理体系和京津冀区域协同发展战略，是习近平新时代中国特色社会主义思想的重要组成部分。

（2）丰富中国特色区域协调发展战略体系。经过几十年持续不断的理论探讨与实践探索，我国区域协调发展的理论体系和战略体系不断推进。从改革开放前实施的以牺牲东部地区"效率"为代价的均衡发展战略，到从改革开放初期至1999年实施的梯度推移发展，再到1999年至2012年实施的政府主导型区域协调发展战略。与其他区域协调发展战略不同，京津冀协同发展战略强调遵循特大城市及城市群发展的内在规律，以大区域思维治理北京"大城市病"、优化京津冀城市群的功能布局，丰富了中国特色的区域协调发展的理论体系和战略体系。

（3）打造全国创新驱动经济增长新引擎。京津冀地区是我国自主创新和高端服务的核心区域，在加快中国信息化进程中担负着科技引领的重要使命。《规划纲要》明确提出实施创新驱动发展战略，发挥北京作为全国科技创新中心的引领作用，构建京津冀协同创新共同体。这既是充分释放北京科技创新资源、推动京津冀协同发展的根本动力，也有利于推动京津冀形成协同创新共同体，将京津冀地区打造成为引领全国、辐射周边的创新发展战略高地。

2.2　京津冀协同发展战略相关政策分析

《规划纲要》是京津冀协同发展的指导原则和行动纲领，依据《规划纲要》，国家和地方政府还相继出台了很多具体政策推动京津冀协同发展战略的落实，最终形成了一套以《规划纲要》为主体的京津冀协同发展政策体系，支持和引导京津冀地区协同发展。本节将从政策数量分析和政策内容解读两个角度出发，分析京津冀协同发展的相关政策文件，了解京津冀协同发展的政策现状。

2.2.1 政策数量分析

通过在百度等网站搜索"京津冀协同发展""区域一体化发展""协同发展"等关键词,从国务院、国家发展与改革委、工信部、北京市政府、北京市发展与改革委、天津市政府、天津市发展与改革委、河北省政府、河北省发展与改革委等官方网站的政策文件中,收集到京津冀协同发展相关政策文件共129项。其中,国家层面文件43项,政策内容涵盖交通运输、环境问题和产业转移等多方面内容,发文主体主要包括国务院、国家发展与改革委和工信部等国家机构。地方层面文件86项,包括北京市(包括中关村国家自主创新示范区)文件24项,天津市文件36项,河北文件26项,大体分为规划、国函、批复、通知、意见和措施6个类型,各类型政策文件数量分布情况见表2-1。

表2-1　京津冀协同发展各类型政策文件数量分布

类别	规划		国函		批复		通知		意见		措施	
级别	国家	地方	国家	地方	国家	地方	国家	地方	国家	地方	国家	地方
数量	8	11	1	0	13	3	11	48	14	16	0	3
合计	19		1		16		59		30		3	

图2-1是2014—2020年京津冀协同发展政策文件数量动态变化情况。2014—2016年,即京津冀协同发展初期,国家层面出台的政策文件数量多于京津冀三地政府出台的政策文件数量,其原因主要在于协同发展初期,为了切实推进京津冀协同发展,针对其协同发展的各个方面,国家相关部门都会出台相应的政策文件指导其发展。例如,国家发展改革委发布的《"十三五"时期京津冀国民经济和社会发展规划》、商务部发布的《京津冀商贸物流协同发展规划》,以及交通运输部发布的《京津冀协同发展交通一体化规划》等。但是,随着京津冀协同发展的不断深入,京津冀三地政府政策文件多于国家层面政策文件。

此外,整体来看,京津冀三地政府出台的政策文件数量均呈现先升后降的特点,且数量峰值都在2017年,相较国家政策峰值有一定滞后期。具体来看,天津政策数量远多于北京和河北,2017年天津政策峰值为13项,北京和河北分别为7项和6项。

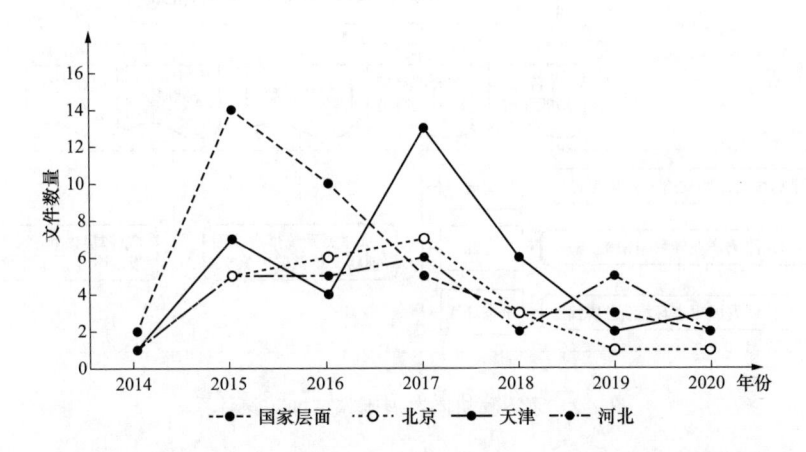

图2-1 2014—2020年京津冀协同发展政策文件数量动态变化情况

综上所述,2014年京津冀协同发展战略确立以来,国家和京津冀三地政府积极出台多方面的政策文件,为京津冀协同发展战略的落实提供了良好的政策支持。

2.2.2 政策内容解读

1. 国家层面

如前所述,2015年中共中央政治局审议通过的《京津冀协同发展规划纲要》,确定了京津冀地区协同发展战略的布局与思路。2016年国家发改委出台了全国首个跨省市的区域"十三五"规划,即《"十三五"时期京津冀国民经济和社会发展规划》。该规划以《京津冀协同发展规划纲要》为基本遵循,对京津冀区域的城市发展、产业转型升级、交通设施建设以及社会民生改善等多方面提出了具体举措及目标,核心内容主要涉及五个方面,即非首都功能转移、三大重点领域率先突破、创新驱动、公共服务一体化和优化空间布局。在这两个文件基础上,国家还出台了京津冀协同发展具体领域的政策文件,形成了京津冀协同发展国家层面政策体系,如图2-2所示。

```
                    ┌──────────────────────┐
                    │《京津冀协同发展规划纲要》│
                    └──────────┬───────────┘
              ┌────────────────┴──────────────────┐
              │《"十三五"时期京津冀国民经济和社会发展规划》│
              └──┬──────┬──────┬──────┬──────┬────┘
           ┌────┴┐ ┌──┴──┐ ┌─┴──┐ ┌─┴──┐ ┌─┴──┐
           │非首都│ │三大重点│ │创新│ │公共│ │优化空间│
           │功能疏解│ │领域率先│ │驱动│ │服务│ │布局 │
           │    │ │突破  │ │   │ │   │ │    │
           └────┘ └─────┘ └────┘ └────┘ └────┘
```

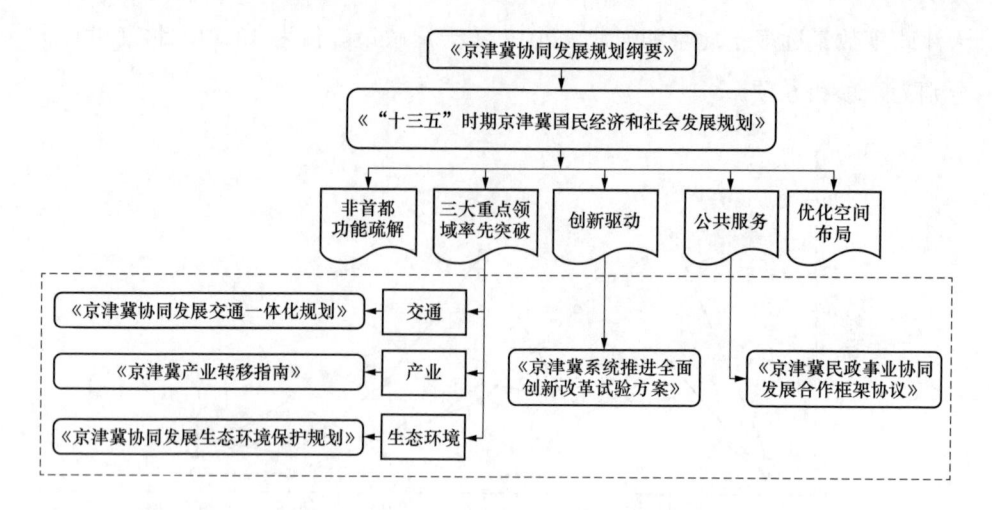

图 2-2　京津冀协同发展国家层面政策体系

（1）非首都功能疏解。非首都功能疏解是京津冀协同发展的关键环节和重中之重。根据《京津冀协同发展规划纲要》，非首都功能疏解对象主要有四类，即一般性产业特别是高消耗产业；区域性物流基地、区域性专业市场等部分第三产业；部分教育、医疗、培训机构等社会公共服务功能；部分行政性、事业性服务机构和企业总部。疏解原则可归纳为"四个坚持"，即坚持政府引导与市场机制相结合；坚持集中疏解与分散疏解相结合；坚持严控增量与疏解存量相结合；坚持统筹谋划与分类施策相结合。国家层面虽然没有出台与非首都功能疏解直接相关的专门性文件，但在已出台的京津冀协同发展的相关政策文件中均涉及了非首都功能疏解的相关内容。

（2）三大重点领域率先突破。

1）交通一体化方面。交通一体化的发展将服务于空间优化布局和产业升级转型，同时交通也是大气污染排放的重点关注领域，因此交通在三大重点领域中具有引导作用，为三大重点领域之首。国家层面，交通方面的政策以《京津冀协同发展交通一体化规划》为纲领，涵盖了航空、公路、客运、铁路等具体内容，例如《推进京津冀民航协同发展实施意见》《京津冀城乡客运一体化改革总体方案》《环首都 1 小时鲜活农产品流通圈规划》等。

2）产业转移和升级方面。产业方面的政策主要是支持产业转移和产业升级,以促进非首都功能疏解和区域内要素充分流动。以《京津冀产业转移指南》为纲领,国家陆续出台了涉及多个产业多个方面的政策文件,例如《京津冀商贸物流协同发展规划》《中国保监会关于保险业服务京津冀协同发展的指导意见》《开发性金融支持京津冀协同发展合作备忘录》等。

3)生态环境保护方面。生态环境保护是京津冀协同发展的软约束。与生态环境相关的政策文件以《京津冀协同发展生态环境保护规划》为纲领,涵盖了大气污染、水资源、秸秆燃烧等多方面内容,包括《京津冀及周边地区落实大气污染防治行动计划实施细则》《京津冀工业节水行动计划》《张家口首都水源涵养功能区和生态环境支撑区建设规划(2019—2035年)》等。

(3)创新驱动和公共服务一体化。

1)创新驱动是京津冀协同发展的核心动力,公共服务一体化是京津冀协同发展的辅助功能。创新驱动主要采取京津冀三地各类创新试点形式来实现,政策文件大多围绕相关试点或示范区建设。其中,纲领性文件是《京津冀系统推进全面创新改革试验方案》,支持性政策文件有《中关村国家自主创新示范区京津冀协同创新共同体建设行动计划(2016—2018年)》《北京(曹妃甸)现代产业发展试验区产业发展规划》《天津市推进京津冀大数据综合试验区建设实施方案》等。

2)公共服务一体化方面的纲领性文件是京津冀三地民政部门于2015年联合颁布的《京津冀民政事业协同发展合作框架协议》。此后,涉及养老、优化营商环境等多方面的公共服务政策陆续颁布,包括《京津冀协同应对事故灾难工作纲要》《关于持续优化营商环境促进京津跨境贸易便利化若干措施的公告》《关于深化公共资源交易平台整合共享实施方案的通知》等。这些政策文件有力地促进了京津冀区域公共服务一体化发展。

综上所述,京津冀协同发展的内容框架可归纳为:京津冀协同发展主要通过非首都功能疏解和优化空间布局,实现京津冀区域要素的充分流动。其中三大重点领域,即交通部门、产业和生态环保作为先行兵,为京津冀区域其他领域的协同发展提供可借鉴的经验和方向;创新驱动为京津冀协同发展提供核心动力,公共服务一体化则作为重要的辅助功能进一步深入促进京津冀协同发展。

京津冀协同发展政策内容结构如图 2-3 所示。

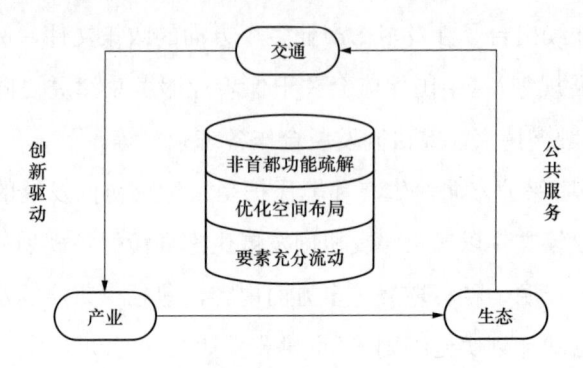

图 2-3　京津冀协同发展政策内容结构

2. 地方层面

在京津冀协同发展中，京津冀三地都有明确的发展定位。三地政府都根据《京津冀协同发展规划纲要》制定了具体政策细则。例如，北京颁布了《推进京津冀协同发展 2018—2020 年行动计划》《北京市推进京津冀协同发展 2022 工作要点》，天津颁布了《天津市贯彻落实〈京津冀协同发展规划纲要〉实施方案》，河北颁布了《关于加强京冀交界地区规划建设管理的实施方案》《关于印发京冀和津冀合作框架协议重点事项任务分解方案的通知》。

（1）在交通政策方面，北京和河北以铁路、公路协同规划为主，天津除了铁路、公路相关规划外，更侧重于航运方面的政策，符合天津"北方国际航运核心区"的定位。在产业政策方面，北京侧重于服务非首都功能疏解，例如《京津冀产业转移指南》《北京市新增产业的禁止和限制目录》等，而天津和河北更侧重于产业承接。例如《加强京津冀产业转移承接重点平台建设的意见》《关于进一步深化对接全面加强承接非首都功能有关工作的通知》等。与交通和产业领域政策不同的是，生态环境保护方面的政策多为国家层面或三地政府联合发布，三地单独发布的政策较少。

（2）在创新驱动政策方面，京津冀三地政府的政策数量差别较大，北京最多，政策多围绕试点、示范区建设，包括《北京市科学技术委员会关于建设京津冀协同创新共同体的工作方案（2015—2017 年）》《中关村国家自主创新示范区京津冀协同创新共同体建设行动计划（2016—2018 年）》等。

（3）在公共服务一体化政策方面，三地的政策数量都较多，涉及面都较广，涵盖了养老、通关、营商环境、人才流动、避震抗灾等多方面内容，包括《京津冀协同应对事故灾难工作纲要》《关于持续优化营商环境促进京津跨境贸易便利化若干措施的公告》《关于深化公共资源交易平台整合共享实施方案的通知》等。

综上所述，从政策文件内容来看，京津冀协同发展的政策体系是自上而下的，以国家各部门出台的相关政策文件为指导，京津冀三地政府单独或联合制定实施细则。

2.3 京津冀协同发展水平评价

2.3.1 评价方法简介

本节将构建系统耦合协调度评价指标体系，基于主成分分析法对京津冀的协同发展水平进行量化分析，并通过构建耦合协调度模型进行协调度评价，定量分析北京、天津和河北三地间的协同发展程度。需要指出的是，协调度与协同度是同义词，本节使用协调度而不是协同度，源于现有文献在度量系统或系统内部要素之间在发展过程中彼此和谐一致程度，反映系统从无序走向有序趋势时，大多使用协调度一词，因此，本书也使用该词。借鉴国际能源署（International Energy Agency，IEA）和经济合作与发展组织（Organization for Economic Co-operation and Development，OECD）对系统协调度等级的划分，系统协调度的等级划分见表2-2。

表 2-2　　　　　　　　　　系统协调度等级划分

耦合协调度	协调评价
[0，0.2)	勉强协调
[0.2，0.4)	初级协调
[0.4，0.6)	中度协调
[0.6，0.8)	良好协调
[0.8，1.0)	优质协调

资料来源：IEA/OECD

本书将京津冀协同发展指标体系分为系统层、要素层和指标层三个层级，京津冀协同发展指标体系如图 2-4 所示。第一层为系统层①代表京津冀交通、生态、产业和公共服务 4 个系统的协调度水平；第二层为要素层，将交通系统、生态系统、产业系统和公共服务系统的发展水平作为 4 个要素来进行度量；第三层为指标层，包括 4 个系统的具体评价指标（分为正向指标和逆向指标）。依据科学有效的指标体系应该具备科学性、全面性、系统性、可操作性的原则，选取具有代表性的 18 个指标，包括 15 个为正向指标，3 个为逆向指标，构建指标层。其中，逆向指标在 0—1 标准化时进行了正向处理。

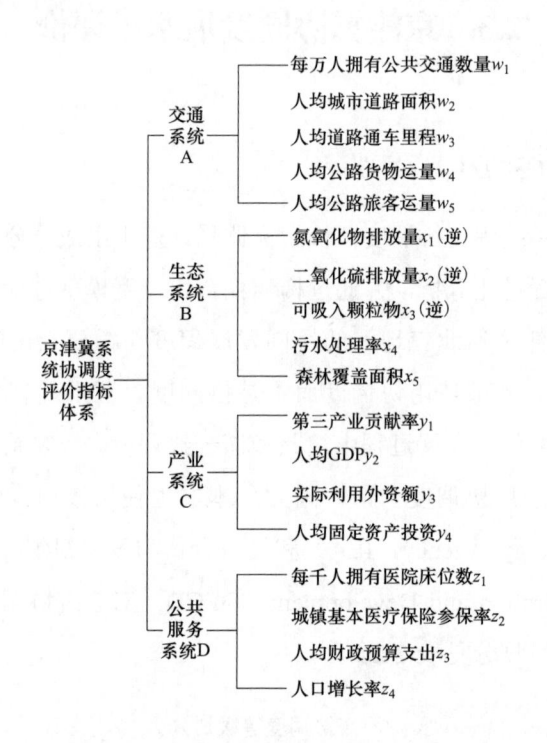

京津冀系统协调度评价指标体系
- 交通系统 A
  - 每万人拥有公共交通数量 w_1
  - 人均城市道路面积 w_2
  - 人均道路通车里程 w_3
  - 人均公路货物运量 w_4
  - 人均公路旅客运量 w_5
- 生态系统 B
  - 氮氧化物排放量 x_1（逆）
  - 二氧化硫排放量 x_2（逆）
  - 可吸入颗粒物 x_3（逆）
  - 污水处理率 x_4
  - 森林覆盖面积 x_5
- 产业系统 C
  - 第三产业贡献率 y_1
  - 人均 GDP y_2
  - 实际利用外资额 y_3
  - 人均固定资产投资 y_4
- 公共服务系统 D
  - 每千人拥有医院床位数 z_1
  - 城镇基本医疗保险参保率 z_2
  - 人均财政预算支出 z_3
  - 人口增长率 z_4

图 2-4　京津冀协同发展指标体系

2.3.2　交通系统协同发展水平

1. 北京市交通系统指标值

2011—2020 年标准化处理后的北京交通系统指标值见表 2-3。

2 京津冀协同发展战略实施情况分析

表 2-3   2011—2020 年标准化处理后的北京交通系统指标值

年份	w_1	w_2	w_3	w_4	w_5
2011	0.0000	0.1526	0.7803	0.8428	1.0000
2012	0.0584	0.0000	0.4807	1.0000	0.9906
2013	0.1507	0.1623	0.2621	0.8812	0.0944
2014	0.1706	0.3698	0.1139	0.9289	0.0833
2015	0.1503	0.3139	0.0000	0.0000	0.0529
2016	0.1163	0.5296	0.0852	0.1276	0.0324
2017	0.3505	0.6054	0.2528	0.0462	0.0010
2018	0.2745	0.6607	0.3940	0.1954	0.0000
2019	0.8450	0.8964	0.7254	0.1536	0.0298
2020	1.0000	1.0000	1.0000	0.0774	0.0426

将经过 0—1 标准化处理后的数据进行主成分分析后，根据特征值和方差贡献率发现，有一个因子的初始特征值大于 1，该因子累计方差贡献率为 73.7%，即主成分分析后形成的新变量可以解释全部指标的 73.7% 的信息，即原来五个指标变量的相对关系，可以用一个新的变量来表示。通过主成分分析法得出交通系统只有一个主成分，主成分分析法得到的综合表达式为

$$F = 0.225w_1 + 0.242w_2 + 0.226w_3 + 0.218w_4 + 0.25w_5 \tag{2-1}$$

最后将表 2-3 所示的 0—1 标准化数据，代入主成分综合模型，得出 2011—2020 年北京交通系统发展水平分值，见表 2-4。

表 2-4   2011—2020 年北京交通系统发展水平分值

年份	2011	2012	2013	2014	2015	2016	2017	2018	2019	2020
分值	0.6500	0.5904	0.3484	0.3772	0.1232	0.2096	0.2928	0.3533	0.6120	0.7206

2. 天津市交通系统指标值

2011—2020 年标准化处理后的天津交通系统指标值见表 2-5。

表 2-5   2011—2020 年标准化处理后的天津交通系统指标值

年份	w_1	w_2	w_3	w_4	w_5
2011	0.5980	0.7610	1.0000	0.0000	0.8896

续表

年份	w_1	w_2	w_3	w_4	w_5
2012	0.7941	0.8784	0.6070	0.5355	1.0000
2013	0.8725	1.0000	0.3281	0.8851	0.9622
2014	1.0000	0.7129	0.2560	0.6449	0.1816
2015	0.7941	0.6153	0.3567	0.9000	0.1406
2016	0.1275	0.5262	0.3996	0.7448	0.0989
2017	0.0000	0.8119	0.2531	1.0000	0.0204
2018	0.1765	0.0000	0.0000	0.9911	0.0000
2019	0.2059	0.0528	0.4332	0.8042	0.0158
2020	0.3245	0.1479	0.4974	0.8925	0.0715

将经过 0—1 标准化处理后的数据进行主成分分析后，发现主成分分析法形成的两个新的变量可以解释全部指标的 82.7%的信息，即原来 5 个指标变量的相对关系可以用 2 个新的变量来表示，得到 2 个主成分的表达式为

$$F_1 = -0.186w_1 - 0.190w_2 + 0.307w_3 + 0.302w_4 + 0.343w_5 \quad （2-2）$$

$$F_2 = 0.338w_1 + 0.505w_2 + 0.372w_3 + 0.371w_4 - 0.197w_5 \quad （2-3）$$

然后，以 2 个主成分所对应的特征值占总特征值比重为权重进行加权，并以 2011 年为基期得到主成分综合表达式为

$$F = -0.00103w_1 + 0.0553w_2 + 0.3299w_3 + 0.3263w_4 + 0.1524w_5 \quad （2-4）$$

最后，将表 2-5 所示的 0—1 标准化数据代入主成分综合模型，得到 2011—2020 年天津交通系统发展水平分值，见表 2-6。

表 2-6　　　　2011—2020 年天津交通系统发展分值

年份	2011	2012	2013	2014	2015	2016	2017	2018	2019	2020
分值	0.5069	0.5750	0.5980	0.3610	0.4659	0.4189	0.4578	0.3232	0.4104	0.4625

3. 河北省交通系统指标值

2011—2020 年标准化处理后的河北省交通系统指标值见表 2-7。

表 2-7　　2011—2020 年标准化处理后的河北交通系统指标值

年份	w_1	w_2	w_3	w_4	w_5
2011	0.0000	0.0000	0.0000	0.0000	0.9230
2012	0.1310	0.0440	0.1446	0.5032	1.0000
2013	0.3055	0.1111	0.4409	1.0000	0.9373
2014	0.3650	0.2514	0.5395	0.2739	0.2452
2015	0.3459	0.5781	0.6616	0.0840	0.1204
2016	0.2826	0.5443	0.7385	0.3160	0.0589
2017	0.5901	0.7345	0.7939	0.6008	0.0323
2018	0.7942	0.8592	0.8291	0.6809	0.0256
2019	0.8473	0.8977	0.9041	0.7123	0.0196
2020	1.0000	1.0000	1.0000	0.8000	0.0000

将经过 0—1 标准化处理后的数据进行主成分分析后，发现主成分分析法形成的 2 个新的变量可以解释全部指标的 96.7%的信息，即原来 5 个指标变量的相对关系可以用 2 个新的变量来表示。得到 2 个主成分的表达式为

$$F_1 = 0.256w_1 + 0.266w_2 + 0.270w_3 + 0.021w_4 + 0.258w_5 \quad (2-5)$$

$$F_2 = 0.242w_1 - 0.113w_2 + 0.080w_3 + 0.818w_4 - 0.275w_5 \quad (2-6)$$

然后，以 2 个主成分所对应的特征值占总特征值比重为权重进行加权，并以 2011 年为基期得出主成分综合模型为

$$F = 0.2527w_1 + 0.1708w_2 + 0.222w_3 + 0.2207w_4 - 0.1241w \quad (2-7)$$

最后将表 2-7 所示的 0—1 标准化数据代入主成分综合模型得出 2011—2020 年河北交通系统发展水平分值，见表 2-8。

表 2-8　　2011—2020 年河北交通系统发展水平分值

年份	2011	2012	2013	2014	2015	2016	2017	2018	2019	2020
分值	−0.114	0.0597	0.2984	0.2850	0.3366	0.3908	0.5794	0.6786	0.8221	0.8944

4. 京津冀交通系统协同发展水平

从图 2-5 和表 2-9 可以看出，2011—2020 年京津冀区域交通系统的整体协调耦合度呈上升趋势。从区域来看，北京和天津的协调度优于京津冀整体的交

通协调度，也优于北京和河北以及天津和河北的协同度；从具体发展阶段来看，2011—2015年协同度上升较快，由初级协调阶段转为中度协调阶段。2016年交通协调度略有下降，2017—2020年协调度继续保持平缓上升，由良好协调阶段转为优质协调阶段。

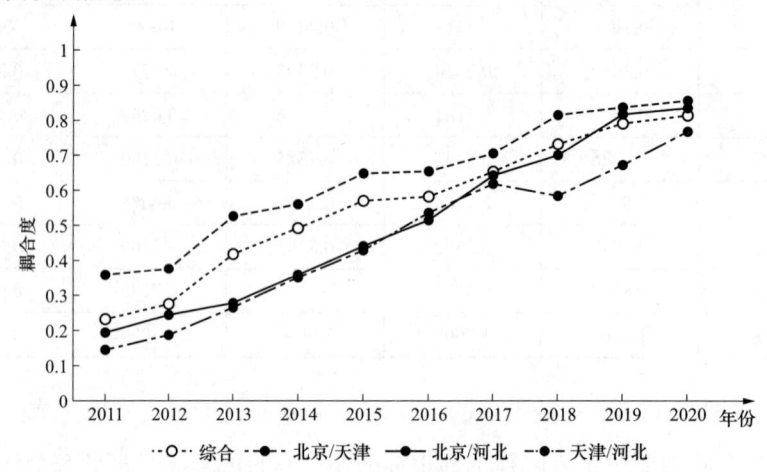

图 2-5　2011—2020年京津冀交通系统协调耦合度曲线

表 2-9　　　　　2011—2020年京津冀交通系统协同发展水平

年份	综合协调度	北京/天津	北京/河北	天津/河北
2011	初级协调	初级协调	勉强协调	勉强协调
2012	初级协调	初级协调	勉强协调	勉强协调
2013	中度协调	中度协调	初级协调	初级协调
2014	中度协调	中度协调	初级协调	初级协调
2015	中度协调	良好协调	中度协调	中度协调
2016	中度协调	良好协调	中度协调	中度协调
2017	良好协调	良好协调	良好协调	良好协调
2018	良好协调	优质协调	良好协调	中度协调
2019	优质协调	优质协调	优质协调	良好协调
2020	优质协调	优质协调	优质协调	良好协调

2.3.3　生态系统协同发展水平

1. 北京市生态系统发展指标值

2011—2020年标准化处理后的北京市生态系统指标值见表2-10。

表 2-10　2011—2020 年标准化处理后的北京市生态系统指标值

年份	x_1	x_2	x_3	x_4	x_5
2011	0.0000	0.0000	0.0000	0.0000	0.0000
2012	0.1182	0.0000	0.0474	0.0463	0.0833
2013	0.2305	0.0000	0.1303	0.1158	0.2167
2014	0.3487	0.0000	0.2250	0.1853	0.3417
2015	0.4787	0.0000	0.3197	0.2394	0.4917
2016	0.8511	0.0000	0.7697	0.8186	0.6667
2017	0.9161	0.0000	0.9899	0.9692	0.8667
2018	0.9574	0.9756	0.9950	0.9848	0.9500
2019	0.9465	0.9822	0.9874	0.9906	0.9676
2020	1.0000	1.0000	1.0000	1.0000	1.0000

将经过 0—1 标准化处理后的数据进行主成分分析后，发现提出主成分分析法形成新的变量可以解释全部指标的 97.9%的信息，即原来 5 个指标变量的相对关系可以用一个新的变量来表示。由于通过主成分分析法得出生态系统只有 1 个主成分。主成分综合表达式为

$$F = 0.254x_1 + 0.351x_2 + 0.254x_3 + 0.252x_4 + 0.251x_5 \qquad (2-8)$$

最后，将表 2-10 所示的 0—1 标准化数据代入主成分综合模型得出 2011—2020 年北京生态系统发展水平分值，见表 2-11。

表 2-11　2011—2020 年北京市生态系统发展水平分值

年份	2011	2012	2013	2014	2015	2016	2017	2018	2019	2020
分值	0.000	0.074	0.175	0.278	0.386	0.785	0.945	1.289	1.326	1.342

2. 天津市生态系统指标值

2011—2020 年标准化处理后的天津市生态系统指标值见表 2-12。

表 2-12　2011—2020 年标准化处理后的天津市生态系统指标值

年份	x_1	x_2	x_3	x_4	x_5
2011	0.0000	0.0000	0.0000	0.0000	0.0000
2012	0.3890	0.0000	0.0336	0.0403	0.1818

续表

年份	x_1	x_2	x_3	x_4	x_5
2013	0.6634	0.0000	0.0783	0.0940	0.4156
2014	0.7895	0.0000	0.1231	0.1477	0.5455
2015	0.6526	0.0000	0.2518	0.1812	0.6234
2016	0.8824	0.0000	0.9122	0.8928	0.6883
2017	1.0000	0.0000	0.9816	0.9633	0.7403
2018	0.9832	0.2895	0.9909	0.9819	0.9091
2019	0.9842	0.4692	0.9273	0.9938	0.9270
2020	0.9903	1.0000	1.0000	1.0000	1.0000

将经过 0—1 标准化处理后的数据进行主成分分析后，发现提出主成分分析形成新的变量可以解释全部指标的 86.5%的信息，即原来 5 个指标变量的相对关系可以用 1 个新的变量来表示。由于通过主成分分析法得出生态系统只有 1 个主成分。主成分综合表达式为

$$F = 0.265x_1 + 0.141x_2 + 0.271x_3 + 0.270x_4 + 0.268x_5 \qquad (2-9)$$

最后，将表 2-12 所示的 0—1 标准化数据代入主成分综合模型，得到 2011—2020 年天津市生态系统发展水平分值，见表 2-13。

表 2-13　　　2011—2020 年天津市生态系统发展水平分值

年份	2011	2012	2013	2014	2015	2016	2017	2018	2019	2020
分值	0.0000	0.1718	0.3338	0.4286	0.4572	0.9066	0.9895	1.0787	1.2108	1.2749

3. 河北省生态系统指标值

2011—2020 年标准化处理后的河北省生态系统指标值见表 2-14。

表 2-14　　　2011—2020 年标准化处理后的河北省生态系统指标值

年份	x_1	x_2	x_3	x_4	x_5
2011	0.0000	0.0000	0.0000	0.0000	0.0000
2012	0.1844	0.0000	0.0817	0.0409	0.0753
2013	0.3001	0.0000	0.1462	0.0808	0.3011
2014	0.4356	0.0000	0.2556	0.1227	0.4624
2015	0.4669	0.0000	0.3499	0.1851	0.5376
2016	0.6127	0.0000	0.7172	1.0000	0.6344

续表

年份	x_1	x_2	x_3	x_4	x_5
2017	0.7170	0.0000	0.9324	0.9223	0.7957
2018	0.8705	0.2931	0.9671	0.9472	0.8925
2019	0.9443	0.3568	0.9727	0.9506	0.9245
2020	1.0000	1.0000	1.0000	0.9708	1.0000

将经过 0—1 标准化处理后的数据进行主成分分析后，发现主成分分析形成的新的变量可以解释全部指标的 92.9% 的信息，即原来 5 个指标变量的相对关系可以用 1 个新的变量来表示。由于通过主成分分析法得出生态系统只有 1 个主成分，主成分表达式为

$$F = 0.262x_1 + 0.22x_2 + 0.265x_3 + 0.250x_4 + 0.259x_5 \qquad (2\text{-}10)$$

最后，将表 2-14 所示的 0—1 标准化数据代入主成分综合模型，得到 2011—2020 年河北生态系统发展水平分值，见表 2-15。

表 2-15　　2011—2020 年河北生态系统发展水平分值

年份	2011	2012	2013	2014	2015	2016	2017	2018	2019	2020
分值	0.0000	0.0997	0.2155	0.3323	0.4006	0.7649	0.8716	1.0168	1.2487	1.3691

4. 京津冀生态协同发展水平

2011 年—2020 年京津冀生态系统协调耦合度曲线如图 2-6 所示。2011—2020 年京津冀生态系统协同发展水平见表 2-16。

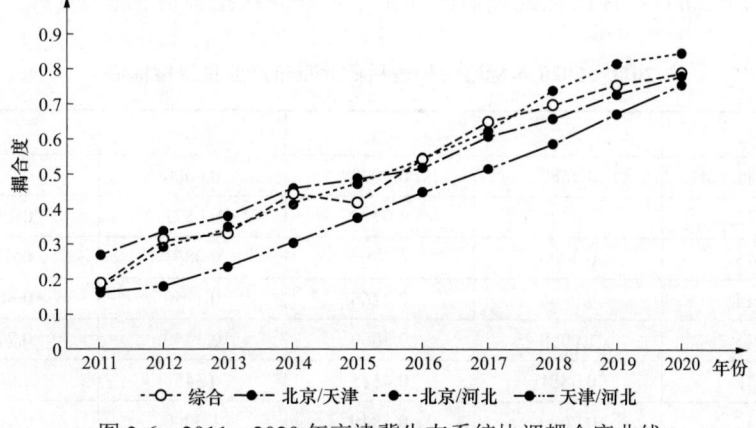

图 2-6　2011—2020 年京津冀生态系统协调耦合度曲线

表 2-16　　2011—2020 年京津冀生态系统协同发展水平

年份	综合协调度	北京/天津	北京/河北	天津/河北
2011	勉强协调	初级协调	勉强协调	勉强协调
2012	初级协调	初级协调	初级协调	勉强协调
2013	初级协调	初级协调	初级协调	初级协调
2014	中度协调	中度协调	中度协调	初级协调
2015	中度协调	中度协调	中度协调	初级协调
2016	中度协调	中度协调	中度协调	中度协调
2017	良好协调	良好协调	良好协调	中度协调
2018	良好协调	良好协调	良好协调	中度协调
2019	良好协调	良好协调	优质协调	良好协调
2020	良好协调	良好协调	优质协调	良好协调

从图 2-6 和表 2-16 可以看出，京津冀区域生态系统的整体协调耦合度呈上升趋势。从区域来看，天津和河北的协调度逊于北京和河北、北京和天津以及京津冀整体的协同度；从具体发展阶段来看，除了 2015 年京津冀整体的生态协调度有所降低之外，整体来看生态系统协调度不断上升，由勉强协调阶段转为良好协调阶段。

2.3.4　产业系统协同发展水平

1. 北京市产业系统指标值

2011—2020 年标准化处理后的北京市产业系统指标值见表 2-17。

表 2-17　　2011—2020 年标准化处理后的北京市产业系统指标值

年份	y_1	y_2	y_3	y_4
2011	0.2687	0.0000	0.0000	0.0000
2012	0.0896	0.0719	0.0571	0.2020
2013	0.0000	0.1605	0.0851	0.4111
2014	0.0746	0.2266	0.1150	0.6072
2015	1.0000	0.3069	0.3440	0.7799
2016	0.3881	0.4515	0.3458	1.0000
2017	0.7090	0.5849	1.0000	0.9606

续表

年份	y_1	y_2	y_3	y_4
2018	0.7985	0.8827	0.5937	0.8431
2019	0.7910	0.9472	0.4142	0.7501
2020	0.8394	1.0000	0.4079	0.7022

将经过 0—1 标准化处理后的数据进行主成分分析后，发现主成分分析形成新的变量可以解释全部指标的 80.4% 的信息，即原来 5 个指标变量的相对关系可以用 1 个新的变量来表示。由于通过主成分分析法得出生态系统只有 1 个主成分，主成分表达式为

$$F = 0.236 y_1 + 0.301 y_2 + 0.287 y_3 + 0.286 y_4 \quad (2-11)$$

最后，将表 2-17 所示的 0—1 标准化数据代入主成分综合模型，得到 2011—2020 年北京市产业系统发展水平分值，见表 2-18。

表 2-18　　2011—2020 年北京市产业系统发展水平分值

年份	2011	2012	2013	2014	2015	2016	2017	2018	2019	2020
分值	0.0634	0.1169	0.1903	0.2925	0.6502	0.6127	0.9051	0.8657	0.8211	0.8617

2. 天津市产业系统指标值

2011—2020 年标准化处理后的天津市产业系统指标值见表 2-19。

表 2-19　　2011—2020 年标准化处理后的天津市产业系统指标值

年份	y_1	y_2	y_3	y_4
2011	0.0043	0.0000	0.5075	0.8690
2012	0.0000	0.2360	0.6270	1.0000
2013	0.1343	0.4415	0.7375	0.0005
2014	0.1215	0.5935	0.8617	0.0150
2015	0.1258	0.6744	1.0000	0.0286
2016	0.3412	0.8846	0.3273	0.0451
2017	0.9595	1.0000	0.3582	0.0073
2018	0.9957	0.0161	0.0073	0.0000
2019	0.9993	0.1382	0.0000	0.0170
2020	1.0000	0.2741	0.0196	0.0438

将经过 0—1 标准化处理后的数据进行主成分分析,发现主成分形成新的变量基本解释全部指标的 93.1%的信息,即原来 5 个指标变量的相对关系,可以用 2 个新的变量来表示。得到 2 个主成分的表达式为

$$F_1 = 0.365 y_1 + 0.386 y_2 - 0.153 y_3 - 0.314 y_4 \quad (2\text{-}12)$$

$$F_2 = -0.239 y_1 + 0.138 y_2 + 0.717 y_3 - 0.459 y_4 \quad (2\text{-}13)$$

然后,以 2 个主成分所对应的特征值占总特征值比重为权重加权,并以 2011 年为基期得到主成分表达式为

$$F = 0.1627 y_1 + 0.303 y_2 + 0.139 y_3 - 0.362 y_4 \quad (2\text{-}14)$$

最后,将表 2-19 所示的 0—1 标准化数据代入主成分综合模型,得到 2011—2020 年天津市产业系统发展水平分值,见表 2-20。

表 2-20　　2011—2020 年天津市生态系统发展水平分值

年份	2011	2012	2013	2014	2015	2016	2017	2018	2019	2020
分值	−0.243	−0.203	0.2579	0.3139	0.3533	0.3525	0.5056	0.1672	0.1977	0.2269

3。河北省产业系统指标值

2011—2020 年标准化处理后的河北产业系统指标值见表 2-21。

表 2-21　　2011—2020 年标准化处理后的河北省产业系统指标值

年份	y_1	y_2	y_3	y_4
2011	0.0364	0.0000	0.0000	0.0000
2012	0.0000	0.2121	0.2007	0.1590
2013	0.1238	0.4006	0.3155	0.3292
2014	0.5024	0.4878	0.3020	0.4935
2015	0.6748	0.5098	0.2673	0.6231
2016	0.7039	0.7374	0.4774	0.7270
2017	1.0000	0.9260	0.6802	0.7974
2018	0.8398	0.5189	0.8969	0.8949
2019	0.9150	0.7452	0.9342	0.9417
2020	0.9379	1.0000	1.0000	1.0000

将经过 0—1 标准化处理后的数据进行主成分分析，发现主成分分析形成新的变量可以解释全部指标的 94.2%的信息，即原来 6 个指标变量的相对关系可以用 1 个新的变量来表示。由于通过主成分分析法得出生态系统只有 1 个主成分，主成分综合表达式为

$$F = 0.253y_1 + 0.264y_2 + 0.252y_3 + 0.260y_4 \qquad (2-15)$$

最后，将表 2-21 所示的 0—1 标准化数据代入主成分综合模型，得出 2011—2020 年河北产业系统发展水平分值，见表 2-22。

表 2-22　　　　2011—2020 年河北省产业系统发展水平分值

年份	2011	2012	2013	2014	2015	2016	2017	2018	2019	2020
分值	0.0092	0.1479	0.3022	0.4603	0.5346	0.6821	0.8762	0.8081	1.0075	1.1436

4. 京津冀产业系统协同发展水平

2011—2020 年京津冀产业协调耦合度曲线如图 2-7 所示。

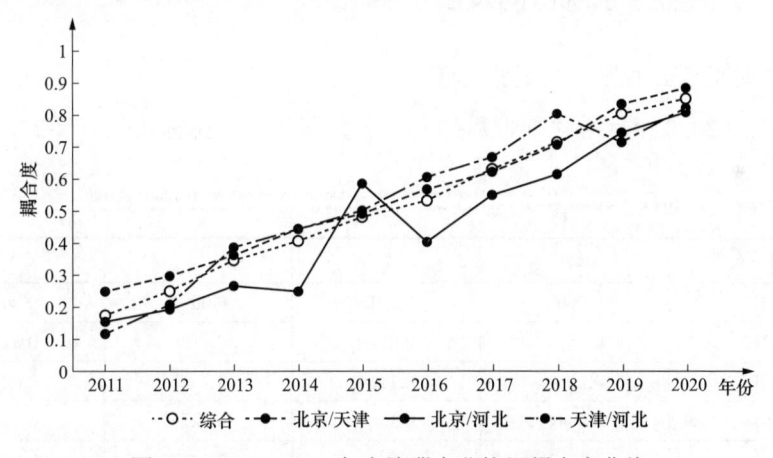

图 2-7　2011—2020 年京津冀产业协调耦合度曲线

2011—2020 年京津冀产业系统协同发展水平见表 2-23。

表 2-23　　　　2011—2020 年京津冀产业系统协同发展水平

年份	综合协调度	北京/天津	北京/河北	天津/河北
2011	勉强协调	初级协调	勉强协调	勉强协调
2012	初级协调	初级协调	勉强协调	初级协调
2013	初级协调	初级协调	初级协调	初级协调

续表

年份	综合协调度	北京/天津	北京/河北	天津/河北
2014	中度协调	中度协调	初级协调	中度协调
2015	中度协调	中度协调	初级协调	中度协调
2016	中度协调	中度协调	中度协调	良好协调
2017	良好协调	良好协调	中度协调	良好协调
2018	良好协调	良好协调	良好协调	优质协调
2019	优质协调	优质协调	良好协调	良好协调
2020	优质协调	优质协调	良好协调	良好协调

从图 2-7 和表 2-22 可以看出，京津冀区域产业系统的整体协调耦合度呈上升趋势，由勉强协调转为优质协调。从区域来看，相对比来说，北京和河北的产业协同度发展较慢，且较不稳定。

2.3.5 公共服务系统协同发展水平

1. 北京市公共服务系统指标值

2011—2020 年标准化处理后的北京公共服务系统指标值见表 2-24。

表 2-24　2011—2020 年标准化处理后的北京市公共服务系统指标值

年份	z_1	z_2	z_3	z_4
2011	0.0000	0.2916	0.0000	0.0000
2012	0.1573	0.0000	0.1128	0.3286
2013	0.2584	0.1164	0.2382	0.6235
2014	0.4944	0.3568	0.3224	0.8620
2015	0.5393	0.5057	0.6743	0.9844
2016	0.6404	0.6197	0.7326	0.9272
2017	0.7942	0.8592	0.8291	0.6809
2018	0.8090	0.7388	0.8728	1.0000
2019	0.9277	0.8759	0.9451	0.8725
2020	1.0000	1.0000	1.0000	0.9857

将经过 0—1 标准化处理后的数据进行主成分分析，发现主成分形成新的变量基本解释全部指标的 90.1%的信息，即原来 6 个指标变量的相对关系，可

以用 1 个新的变量来表示。由于通过主成分分析法得出生态系统只有 1 个主成分，主成分综合表达式为

$$F = 0.275z_1 + 0.255z_2 + 0.274z_3 + 0.249z_4 \quad (2\text{-}16)$$

最后，将表 2-24 所示的 0—1 标准化数据代入主成分综合模型 1 得出 2011—2020 年北京市公共服务系统发展水平分值，见表 2-25。

表 2-25　2011—2020 年北京市公共服务系统发展水平分值

年份	2011	2012	2013	2014	2015	2016	2017	2018	2019	2020
分值	0.0744	0.1560	0.3213	0.5299	0.7071	0.7657	0.8342	0.8990	1.0494	1.1157

2. 天津市公共服务系统指标值

2011—2020 年标准化处理后的天津市公共服务系统指标值见表 2-26。

表 2-26　2011—2020 年标准化处理后的天津市公共服务系统指标值

年份	z_1	z_2	z_3	z_4
2011	0.0000	0.7323	0.0000	0.0000
2012	0.1876	0.1944	0.1828	0.2824
2013	0.3733	0.0000	0.3891	0.5667
2014	0.5079	0.0493	0.5524	0.7817
2015	0.6404	0.1197	0.7326	0.9272
2016	0.7730	0.3805	1.0000	1.0000
2017	0.8090	0.7388	0.8728	0.8592
2018	0.9231	0.8354	0.8908	0.9502
2019	0.9573	0.9164	0.8026	0.9543
2020	1.0000	1.0000	0.7507	0.9754

将经过 0—1 标准化处理后的数据进行主成分分析，发现主成分分析形成新的变量基本解释全部指标的 98.4% 的信息，即原来 5 个指标变量的相对关系可以用 2 个新的变量来表示，得到 2 个主成分的表达式为

$$F_1 = 0.338z_1 + 0.038z_2 + 0.338z_3 + 0.340z_4 \quad (2\text{-}17)$$

$$F_2 = 0.148z_1 + 0.948z_2 - 0.103z_3 - 0.15z_4 \quad (2\text{-}18)$$

然后，以2个主成分所对应的特征值占总特征值比重为权重加权，并以2011年为基期得出主成分综合模型为

$$F = 0.288z_1 + 0.279z_2 + 0.221z_3 + 0.210z_4 \quad (2-19)$$

最后，将表2-26所示的0—1标准化数据代入主成分综合模型，得出2011—2020年天津公共服务系统发展水平分值，见表2-27。

表2-27　　2011—2020年天津市公共服务系统发展水平分值

年份	2011	2012	2013	2014	2015	2016	2017	2018	2019	2020
分值	0.2043	0.2080	0.3125	0.4463	0.5744	0.7598	0.8124	0.8953	0.9377	0.9612

3. 河北省公共服务系统指标值

2011—2020年标准化处理后的河北公共服务系统指标值见表2-28。

表2-28　　2011—2020年标准化处理后的河北省公共服务系统指标值

年份	z_1	z_2	z_3	z_4
2011	0.0000	0.0000	0.0000	0.0000
2012	0.0382	0.3401	0.1806	0.1685
2013	0.3185	0.5233	0.2861	0.3301
2014	0.4331	0.6771	0.3675	0.5136
2015	0.5860	0.7728	0.6847	0.6609
2016	0.7261	0.9136	0.8148	0.8229
2017	0.7730	0.3805	1.0000	0.8743
2018	0.8090	0.7388	0.8728	0.8592
2019	0.9472	0.8719	0.9267	0.9041
2020	1.0000	1.0000	1.0000	1.0000

将经过0—1标准化处理后的数据进行主成分分析，发现主成分分析形成新的变量基本解释全部指标的97.7%的信息，即原来6个指标变量的相对关系可以用1个新的变量来表示。由于通过主成分分析法得出生态系统只有1个主成分，主成分综合模型为

$$F = 0.253z_1 + 0.250z_2 + 0.253z_3 + 0.255z_4 \quad (2-20)$$

最后，将表2-28所示的0—1标准化数据代入主成分综合模型，得到2011—2020年河北公共服务系统发展水平分值，见表2-29。

表 2-29　　2011—2020 年河北公共服务系统发展水平分值

年份	2011	2012	2013	2014	2015	2016	2017	2018	2019	2020
分值	0.0000	0.1833	0.3680	0.5028	0.6832	0.8281	0.7666	0.8293	0.9472	1.0110

4. 京津冀公共服务系统协同发展水平

2011—2020 年京津冀公共服务协调耦合度曲线如图 2-8 所示。2011—2020 年京津冀公共服务系统协同发展水平见表 2-30。

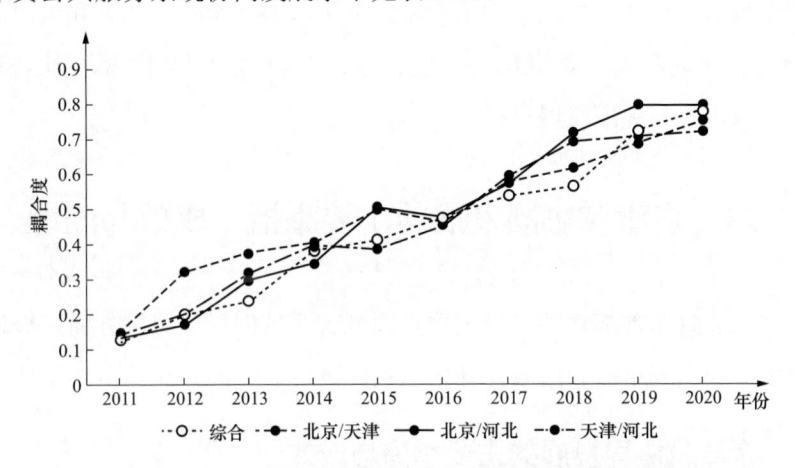

图 2-8　2011—2020 京津冀公共服务系统协调耦合度曲线

表 2-30　　2011—2020 年京津冀公共服务系统协同发展水平

年份	综合协调度	北京/天津	北京/河北	天津/河北
2011	勉强协调	勉强协调	勉强协调	勉强协调
2012	勉强协调	初级协调	勉强协调	勉强协调
2013	初级协调	初级协调	初级协调	初级协调
2014	初级协调	中级协调	初级协调	初级协调
2015	中级协调	中级协调	初级协调	初级协调
2016	中级协调	中级协调	中级协调	中级协调
2017	中级协调	中级协调	中级协调	中级协调
2018	良好协调	良好协调	中级协调	良好协调
2019	良好协调	良好协调	良好协调	良好协调
2020	良好协调	良好协调	良好协调	良好协调

从图 2-8 和表 2-30 可以看出，京津冀区域公共服务系统的整体协调耦合度发展较不稳定，但整体仍呈上升趋势，由勉强协调转为良好协调。从具体发展阶段来看，2014—2016 年各地区之间公共服务协调度变化较大。

综上所述，从各系统的协同发展趋势来看，2011 年京津冀各子系统协同度较低；从 2011—2020 年，京津冀区域各子系统的协同度逐年提高，由勉强协调转为良好协调或者优质协调。从综合协调度来说，京津冀区域交通和产业的耦合度优于生态和公共服务系统的耦合度。从区域协同来看，北京和天津的协同度优于北京/河北和天津/河北的协同度。与 2020 年发展中期目标相比，京津冀协同发展基本达到中期发展目标。

2.4 京津冀协同发展的主要举措、成效与问题

本节从北京非首都功能、三大重点领域、区域创新体系等方面，分析京津冀协同发展的主要举措和成效，并揭示京津冀协同发展存在的主要问题。

2.4.1 京津冀协同发展的主要举措与成效

1. 北京非首都功能疏解方面

北京的核心定位是国家的政治中心、文化中心、科技创新中心和国际交往中心，不应承载其他过多的功能。无论是全面提升京津冀区域协同发展，还是医治北京"大城市病"，疏解北京市非首都功能都是关键环节。非首都功能疏解对北京市来说是减量，可以倒逼北京市集约高效发展；对京津冀来讲，通过疏解将北京的资源要素在更大范围进行优化配置，可以推动区域内优势互补，为京津冀高质量的协同发展创造更大的空间。2014 年以来，北京市以"控增量，疏存量"为主要原则，结合经济手段、行政手段等多种途径和方式对四类疏解对象进行疏解，取得了显著进展。

控增量方面，2014 年 7 月开始，北京市每年出台《新增产业的禁止和限制目录》，对明显不符合首都城市战略定位的行业严格禁止准入，并对部分行业做出了区域限制和规模限制等。北京市严格执行这一政策，控制产业增量，就地

关停高污染、高耗能、高耗水企业。根据北京市推进京津冀协同办发布的数据，2014—2020年年底，北京市累计退出一般制造和污染企业2800余家，不予办理新设立或变更登记业务累计达2.34万件，同时，科技、商务、文化、信息等高精尖产业的市场占比持续增长，由2013年的40%升至2020年的60%。

疏存量方面，北京市对产业、区域性批发市场和区域性物流基地、教育医疗、行政事业单位等领域进行存量疏解，对不符合首都城市战略定位的劳动密集型、资源依赖型一般制造业实施整体转移。根据北京市推进京津冀协同发展领导小组办公室发布的数据，2014—2020年年底，北京市疏解提升区域性批发市场和物流中心980余个。同时发挥行政功能疏解对其他功能疏解的示范带动作用，率先推动部分市级行政事业单位进行疏解。此外，北京正通过整体或部分搬迁、交流合作等方式，统筹推动市属高校、医院向中心城外疏解，促进教育资源合理布局、优质医疗资源均衡配置。

2. 三大重点领域方面

（1）轨道交通方面。交通一体化是京津冀协同发展的基础和条件。交通拥堵是当前京津冀尤其是北京急需解决的问题，而交通一体化，特别是建设完善、快捷的轨道交通系统是破解这一难题的根本途径。根据协同发展战略的要求，京津冀地区交通方面的协同发展不仅要提升区域交通运输能力，还要实现区域内交通的低碳发展。为了实现这一目标，协同发展战略以来，京津冀三地政府积极推动区域内交通的协同发展。

轨道交通方面，三地政府不断完善京津冀城市群之间轨道交通路网，基本形成了覆盖全区域的便捷交通网络。根据北京市交通委员会、天津市交通运输委员会和河北省交通运输厅联合编制的《京津冀交通一体化发展白皮书（2014—2020年）》，截至2020年年底，京津冀区域营运性铁路总里程达10480km，较2014年增长了33.6%。同时，京津冀地区相邻城市间基本实现铁路1.5h通达，京雄津保"1小时交通圈"也已经形成，市郊铁路发展实现了重大突破。公路交通方面，京台、京昆、津石、大兴国际机场高速、首都环线高速通州大兴段等一大批高速公路建成通车，据《京津冀交通一体化发展白皮书（2014—2020年）》，截至2020年年底，京津冀三省市高速公路总里程达10307km，较2014

年增长了 29.2%，形成了北京地区环线通道，有效缩短了区域内各城市间的互通时间。航空枢纽方面，"双核两翼多节点"的京津冀机场群已经布局完成，北京大兴国际机场等 9 个京津冀规划机场全部投入使用，京冀共建共管的大兴国际机场临空经济区建设也全面启动。同时，机场陆侧交通保障体系也正在不断完善，以机场为重要节点的高速路网将更加完善。

（2）生态环境方面。生态环境既是重要的民生问题，也是京津冀可持续发展的重要保障。京津冀三省市环境联防联治和生态共建共保工作机制不断完善，京津冀区域环境治理和生态建设也取得了积极进展。

就空气质量而言，大气污染防治是京津冀协同发展的样板工程。京津冀三地继续加大对高耗能、高污染企业的治理力度，建立了区域大气污染联防联控机制，节能降耗减排扎实推进。京津冀 PM2.5 由 2013 年的 106μg/m³ 下降到 2020 年的 63.6μg/m³，下降了 40%，具体情况如图 2-7 所示。其中北京从 90μg/m³ 下降到 38μg/m³；天津由 96μg/m³ 降至 48μg/m³；河北由 108μg/m³ 降至 44.8μg/m³，PM2.5 平均浓度分别下降 57.8%、50% 和 58.5%，空气质量得到明显改善。2013—2020 年京津冀三地 PM2.5 浓度如图 2-9 所示。

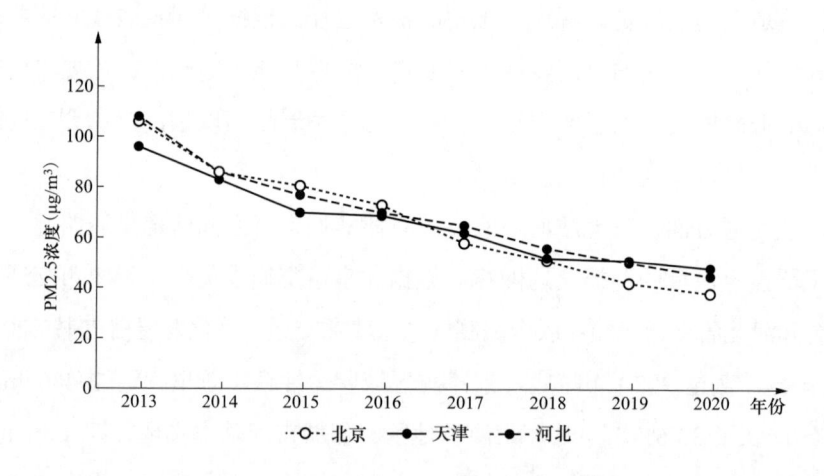

图 2-9　2013—2020 年京津冀三地 PM2.5 浓度

资料来源：北京统计年鉴 2021，天津统计年鉴 2021，河北统计年鉴 2021

除了大气污染协同治理外，水污染协同防治也取得极大进展。2013—2020

年，京津冀生态水源保护林累计增加50万亩，北京、天津和河北优良水体比例分别提高32%、15%和8%。在污水处理方面，自2010年以来，京津冀地区的城市污水处理率始终处于增长趋势，天津和河北的处理效果基本保持在85%以上，整体均高于全国平均水平，起初北京的处理效果相对落后，但后来保持较快的增长速度，很快追赶上津冀两地，具体如图2-10所示，2020年分别达到96.56%、96.42%和98.46%。

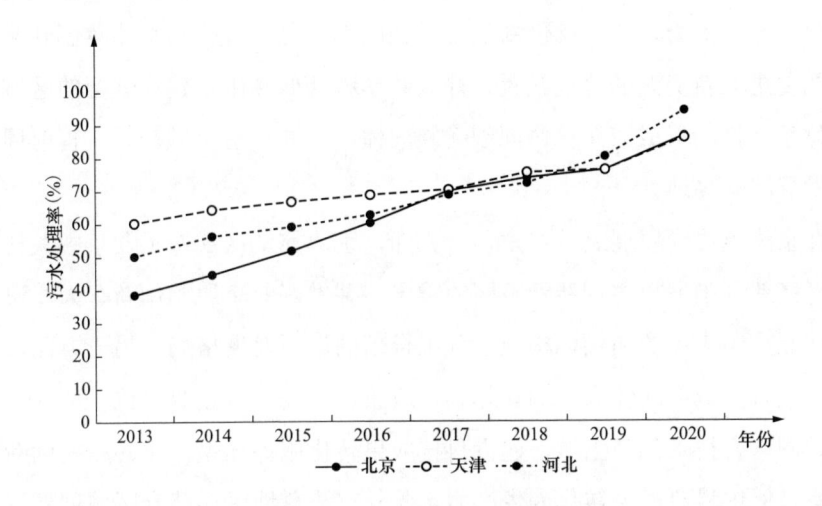

图 2-10　2013—2020年京津冀污水处理率

资料来源：北京统计年鉴2021，天津统计年鉴2021，河北统计年鉴2021

（3）产业升级转移方面。产业升级方面，京津冀相继出台了《京津冀产业转移指南》等系列政策，旨在通过优化生产力布局，有序引导生产要素流动，在疏解非首都功能的同时，均衡各地发展，提升京津冀三地的产业协同发展水平。协同发展以来，京津冀三地产业结构持续优化，京津冀地区的三次产业构成由2014年的5.7:41.1:53.2，调整为2020年的4.5:30.6:64.9。其中，京津冀地区第三产业发展较快，三地第三产业占比较2013年分别提高了2.2%、7.2%和8.5%。

在产业转移方面，京津冀三地政府积极推进区域内部的产业转移工作，北京有序疏解非首都功能，河北和天津积极承接北京部分产业转移，三地间的产业定位与分工日益明晰。产业共建与合作发展重点项目稳步推进，北京与河北共建曹妃甸协同发展示范区、雄安新区中关村科技园、京津共建滨海—中关村科技园、京津合作示范区，有效推动了区域内产业转移升级，京津冀三地产业对接力度呈现日益增强的趋势。

3. 协同创新方面

京津冀是全国重要的创新要素聚集地，科技人才、高技能劳动力丰富，行业领先企业和研发机构众多，创新要素富集，具有不亚于长三角和珠三角的资源优势和发展潜力，是全国创新能力最强的地区之一。推动京津冀创新驱动发展，要促进创新资源的合理配置、开放共享和高效利用，建立健全的区域协同创新体系，推动形成京津冀协同创新共同体，共同打造引领全国、辐射周边的创新发展战略高地。

在京津冀协同发展这几年中，一方面，京津冀地区加快了北京中关村和天津滨海高新区国家自主创新示范区的发展，并做好北京原始创新、天津研发转化、河北推广应用的衔接，构建了分工合理的创新发展格局。另一方面，京津冀着力完善区域创新体系，构建体制、政策、市场、科技等多位一体的创新体系，共同培育技术创新主体，建设科技成果转化服务体系，完善科技创新投融资体系，促进科研成果转化为生产力。此外京津冀地区还整合区域创新资源，集聚高端创新要素，促进科技创新资源和成果开放共享，加强科技人才培养与交流，为创新驱动发展提供有力支撑。

通过以上举措，京津冀地区创新驱动效果明显。在创新投入方面，区域研发经费投入强度，即 R&D 经费支出相当于地区生产总值的比例，从 2010 年的 2.72%提高到 2020 年的 3.99%，京津冀三地的研发经费投入强度之比由 2010 年的 7.49:3.22:1 变为 2020 年的 3.68:1.97:1，差距明显缩小。在创新产出方面，区域常住人口发明专利拥有量由 2014 年的 10.9 件/万人增加至 2020 年的 37 件/万人，增长 3.39 倍。其中，北京由 34.7 件增加至 155.8 件，增长 4.48 倍；天津由 17.3 件增加至 24.4 件，增长 1.41 倍；河北由 2.7 件增加至 4.5 件，增速达到 1.67 倍。无论是创新投入，还是创新产出，三地的创新合作都更加密切，加快协同创新共同体的建设。此外，北京、天津和河北三地通过共建高科技园区等形式，大力推动了三地在创新链方面的深度融合。

2.4.2 京津冀协同发展存在的主要问题

综上所述，近年来京津冀协同发展在各个方面发展成效显著。但是，京津冀地区深度协同发展中，还有一些问题亟待解决。

（1）深层次的体制和机制制约有待破除。京津冀地区由于市场化程度水平较低，政府在配置土地、劳动力及资本等各种要素资源方面具有较大影响力，在现有财税和行政管理体制下，不同行政等级的政府配置资源的能力明显不同。打破区域间行政壁垒，意味着京津冀各地区行政主体必须以市场力量为主，以政府行政干预为辅。按照各省市功能定位，合理规划产业布局。北京的产业发展要突出高端化、服务化、低碳化，充分发挥科技创新中心作用；天津应优化发展高端装备、电子信息等先进制造业以及航空航天、生物医药、节能环保等战略性新兴产业；河北省应积极承接首都产业功能转移和京津冀科技成果转化，改造提升传统优势产业，大力发展先进制造业、现代服务业和战略性新兴产业。实现资源优势互补、协同发展的局面。

（2）京津两市与河北省之间的协同发展有待提高。北京和天津作为直辖市，发展基础好、起点高、地位重要，长期以来得到了国家层面较大支持，两市在政策体制和综合服务环境上明显优于河北，这也是两市经济社会发展水平明显领先河北的主要原因。京津冀协同发展以解决北京"大城市病"为出发点，但要从根本上解决这个问题，必须缩小京津冀三地的发展差距，提升河北省的综合发展水平。

2017年，中共中央、国务院决定在河北设立雄安新区，将培育雄安新区作为新的区域经济增长极，这无疑将促进全国的经济要素向雄安新区集聚。同时，将为雄安新区周边市县的发展注入新的活力，有效带动雄安新区周边河北省其他市县的发展，进而推进京津冀空间格局优化。

（3）生态治理与公共服务方面的协同有待加强。京津冀生态系统协调耦合度仍较弱。促进京津冀地区生态协同发展，需要全面跟踪分析京津冀生态文明建设水平，探寻京津冀生态文明"协同建设"的实现路径和保障机制，搭建协调统筹京津冀在绿色产业、绿色能源、绿色消费等绿色转型中的融合发展平台，努力推进京津冀区域生态文明建设程度不断提高，促进京津冀生态环境保护与建设的一体化发展。

在疏解非首都功能的同时，要进一步加快京津冀公共资源的一体化，形成目标同向、措施一体、优势互补、互利共赢的协同发展新格局，使"北京吃不下、天津吃不饱、河北吃不到"的情况发生根本性改变。北京发达的教育、医疗资源可以向津冀两地辐射，天津先进制造业可以为北京和河北提供就业机会，河北在疏解北京非首都功能方面具有不可替代的作用。三地应加强顶层设计，实现公共服务共建共享，以缩小三地在资源上的差距，让民众享受到更多"协同红利"。

2.5 小　　结

解决北京"大城市病"以及河北产业结构问题，是推动京津冀协同发展战略的两个最主要动因。京津冀协同发展由中央政府主导推动，以行政区合作机制为行动路径，以疏解北京非首都功能为出发点，以交通、生态环境和产业升级三大重点领域为支点。京津冀协同发展可以丰富习近平新时代中国特色社会主义思想，丰富中国特色区域协调发展战略体系，有利于打造全国创新驱动经济增长新引擎，具有重要的理论和现实意义。

据不完全统计，2014—2020年京津冀协同发展战略政策文件达129项，国家文件共43项，其中联合发文16项，占比27.2%，发文主体主要包括国务院、国家发展改革委和工信部等国家机构。三地政府发文共86项，联合发文45项，占比52.3%，远高于国家层面联合发文占比，内容涵盖交通、环境、产业三大重点领域和非首都功能疏解等多方面。

2011—2020年，通过控增量、疏存量，疏解了北京非首都功能；通过交通一体化建设，高耗能、高污染企业治理，大气污染联防联控机制，以及京津和京冀协同发展示范区和科技园建设等措施，京津冀在交通、生态环境和产业转移方面成效显著。定量分析表明，京津冀区域交通、生态环境、产业转移以及公共服务四个子系统的协同度逐年提高。交通和产业的协同度优于生态和公共服务系统。京津协同度优于京冀和津冀。京津冀区域一体化交通网络基本形成,生态环境质量得到有效改善,产业联动发展取得重大进展。公共服务共建共享取得积极成效,区域内发展差距趋于缩小,基本达到了区域协同中期发展目标。京津冀协同发展存在的主要问题有:深层次的体制机制障碍有待进一步破除,京津双城与河北的协同发展有待提高,以及生态治理与公共服务协同有待加强。

3 京津冀能源资源禀赋与能源生产消费特征

本章采用文献研究法，首先分析京津冀能源资源禀赋特点，然后分析京津冀能源生产与消费特点，为说明京津冀能源转型的必要性提供基础数据支撑。

3.1 京津冀能源资源禀赋特征

京津冀地处华北平原，东临渤海，西接太行山，北靠燕山，燕山以北为张北高原，兼有高原、山地、丘陵、平原、湖泊和海滨多种地形。京津冀城市群覆盖北京、天津两个直辖市和河北省11个地级市，共有3000多万城市人口。

3.1.1 北京市能源资源禀赋特征

北京市化石能源资源以煤炭资源为主，石油为辅。北京市煤炭资源储量在空间分布上不均衡，查明资源储量的84%左右分布在门头沟区（占比55.4%）和房山区（占比29.1%）。煤田主要分布在门头沟、房山、海淀、丰台、大兴、通州、顺义等区域。随着煤炭资源的不断消耗，北京煤炭基本储量已从2009年的7亿t下降至2016年的2.66亿t。

在可再生能源方面，北京市太阳能与地热能资源丰富。北京市年均太阳能辐射量为4686～5690MJ/m^2，年日照小时数2480～2580h，其中光伏发电年有效小时数约1100～1300h，属于我国太阳能资源二类地区，适合太阳能的开发利用。北京市地热资源丰富，属热水型，温度范围为25～118.5℃。北京拥有东南城区地热田、小汤山地热田、延庆地热田等10个地热田，地热开发条件良好。

3.1.2 天津市能源资源禀赋特征

天津市石油、天然气和煤成气等资源丰富,已探明石油储量40亿t,油田面积100多km^2,天然气地质储量1500多亿m^3,煤田面积80km^2。国家统计局2016年统计数据显示,天津石油基本储量为3349.9万t,天然气基本储量为274.91亿m^3,煤炭基本储量为2.97亿t。天津渤海油田是我国最大的海上油田,也是全国最大的原油生产基地,已经探明的石油储量超过44亿t,天然气储量超过5000亿m^3。天津大港油田素有"祖国东部的石油小摇篮"之称,其石油及天然气资源储量分别在20.56亿t与3800亿m^3左右。

在可再生能源方面,与北京市相似,天津市太阳能资源与地热资源较为丰富。天津市太阳能充足,也属于二类太阳能资源区,年均太阳能辐射量为3780~5240MJ/m^2,年日照小时数为2610~3090h。天津市地热资源也较为充足,天津地区地热资源属于非火山沉积盆地中、低温热水型地热,温度范围为30~90℃,具有埋藏浅、水质好的特点。已发现的10个具有勘探和开发利用价值的地热异常区,总面积为2434km^2,热水总储藏量达1103.6亿m^3,是我国迄今最大的中低温地热田。天津目前已勘探完成了8个地热田,分布面积达8700km^2,每年地热可开采量约为8867万m^3。

3.1.3 河北省能源资源禀赋特征

河北省煤炭、石油、天然气、风能、水能、太阳能资源都很丰富。河北省素有"燕赵煤仓"之称,截至2017年底,河北省累计探明煤炭资源储量为238.4亿t,分布在唐山、邯郸、邢台、张家口、承德、秦皇岛、保定、廊坊、沧州9市,基本储量43.3亿t,共有130余个含煤地区,煤种从气煤到无烟煤种类齐全。按目前年产煤炭6000万t左右计算,省内煤炭资源可采年限约72年。

河北省油气储量也十分丰富,拥有大港油田、华北油田和冀东油田三个大油田。根据我国第三次油气资源评价,河北大港探区石油资源蕴藏量为20.56亿t,天然气资源蕴藏量为3800亿m^3。华北油田探区内石油储量为30亿t左右,天然气储量为1753亿m^3左右。冀东油田探区内石油储量为17662万t,

石油储量为 17470 万 t。

河北省风能资源可开发量在 8000 万 kW 以上，现有风力发电站主要分布在北部的张家口与承德市。河北省光伏资源仅次于青藏及西北地区，年均太阳能辐射量变化范围为 1400~1750kWh/m²，年日照小时数为 2350~3000h，可开发量约 12.2 万 kW。此外，河北省的地热能同样丰富，地热储量约占全国的 1/5。

3.2 京津冀能源生产与消费特征

3.2.1 京津冀能源生产特征

（1）一次能源生产增速趋缓后呈下降趋势。在能源生产方面，随着近些年环保压力的日益增大以及去产能、调结构等国家政策的推动，京津冀三地一次能源生产增速逐步趋缓，并呈下降趋势。由图 3-1 可见，2000—2020 年，河北省一次能源生产量整体呈现先增后减趋势，在 2012 年达到了极大值。

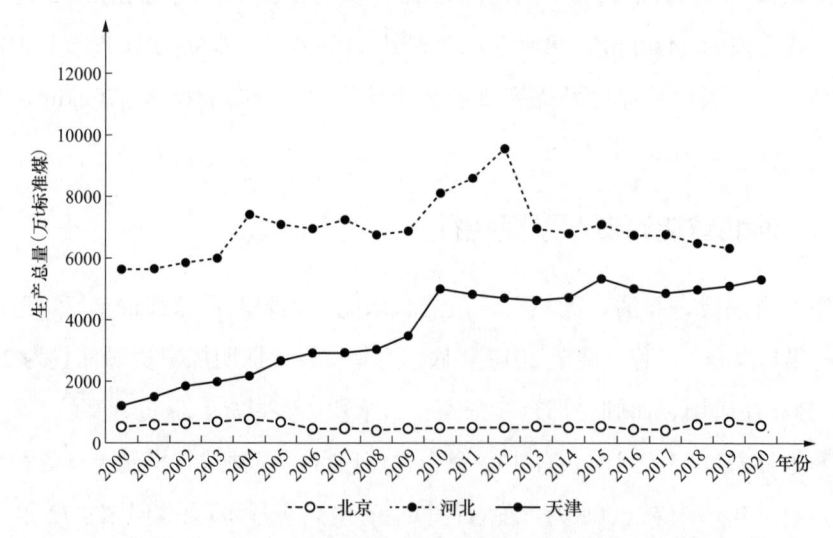

图 3-1　2000—2020 年京津冀一次能源生产总量变动趋势

资料来源：北京市统计年鉴 2021；天津统计年鉴 2021；河北统计年鉴 2020

（2）以化石能源生产为主，能源生产结构差异大。在能源生产结构方面，总体来看，京津冀地区以原煤、原油两类化石能源生产为主，其次是天然气及可再生能源发电。但是，京津冀三地能源生产结构差异较大，北京以清洁能源生产为主、天津以石油，河北以煤炭为主。

北京市是中国的超大级城市，是中国的首都以及经济中心，占地面积高达 16410km^2，2021 年常住人口 2188.6 万人，地区生产总值 40269.6 亿元。庞大的人口与经济体量导致北京市产生了大量的能源需求。但北京市本地能源生产能力不足，一次能源生产量逐年下降，能源供给多依赖于从周围城市调入。自 2009 年以来北京原煤生产量便不断下降，截至 2020 年，包括煤炭在内，北京市化石能源产量已归零，可再生能源在一次能源生产中的占比已高达 100%。虽然占比较高，但北京市可再生能源的实际发展情况并不乐观，2020 年北京市风电发电量仅为 4 亿 kWh，光伏发电量仅为 6 亿 kWh，相比于 434 亿 kWh 的火力发电量捉襟见肘。2005—2020 年北京市一次能源生产量和生产结构如图 3-2 和图 3-3 所示。

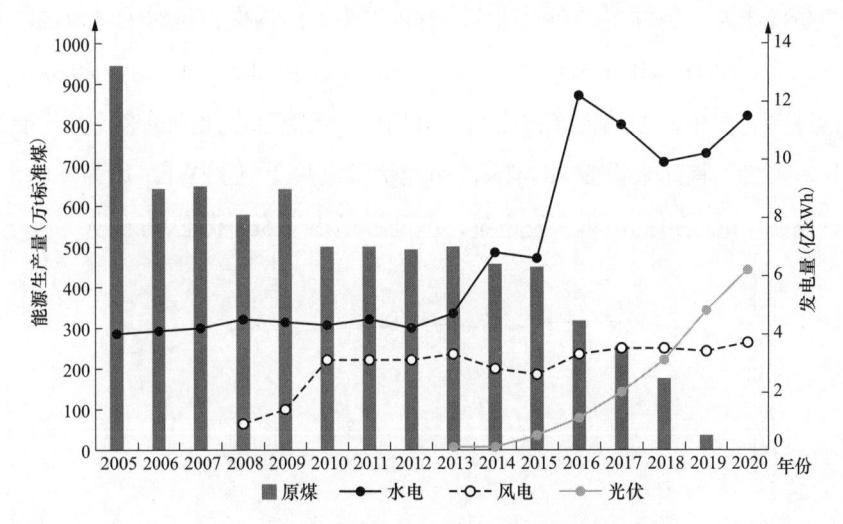

图 3-2　2005—2020 年北京市一次能源生产量

资料来源：北京市统计年鉴 2021

天津市是我国传统工业及制造业中心，制造业、航运业、原材料生产等产业强大。天津既是华北地区的经济中心城市，也是东北亚地区重要的航运中心之一，是中国进出关及京津冀与华北及西北内陆的铁路交通枢纽之一。但就经济总量而言，天津仅属于全国第二梯级。如前所述，天津市化石能源资源尤其

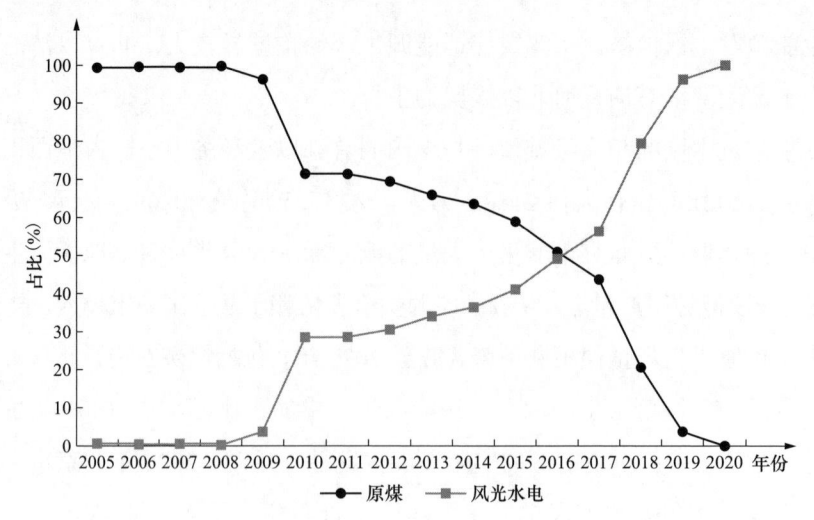

图 3-3　2005—2020 年北京市一次能源生产结构

资料来源：北京市统计年鉴 2021

是油气资源丰富。原油生产在天津市一次能源生产结构中占绝对主导地位，天然气生产次之。2000—2020 年天津市一次能源生产结构如图 3-4 所示。2020 年在天津一次能源生产中，原油生产占比高达 87.1%，天然气占比 9.08%，其他能源生产占比 3.82%。具体来说 2020 年天津市光伏发电共 19 亿 kWh，风力发电 12 亿 kWh，略高于北京市的可再生发电量，但同样远小于 668 亿 kWh 的火力发电量。

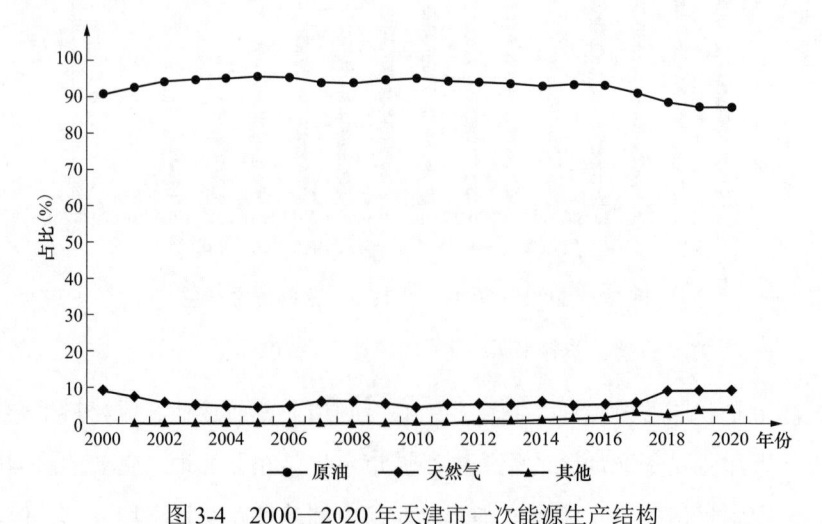

图 3-4　2000—2020 年天津市一次能源生产结构

资料来源：天津市统计年鉴 2021

如前所述，河北省能源资源丰富，拥有包括煤炭、石油、天然气及水力、风力、生物质、垃圾发电在内的多种能源资源，是京津冀城市群的能源主产区，长期为京津两市提供原煤、石油、天然气及电力。从能源生产结构来看，化石能源在河北省一次能源生产结构中占主导地位，但产量与占比已经逐年下降。2000—2020年河北省一次能源生产结构如图3-5所示。2020年原煤在河北省一次能源生产量中的占比为53.56%，原油及天然气占比分别为11.48%与1.1%，一次电力及其他能源生产占比为33.86%。

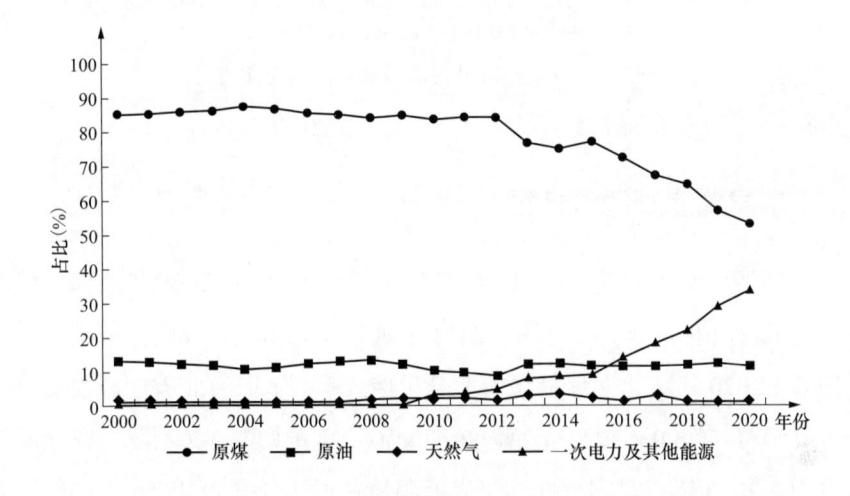

图 3-5　2000—2020年河北省一次能源生产结构

资料来源：河北省统计年鉴2021

河北省原煤生产型城市众多。2020年在京津冀前九位原煤生产型城市中河北省占据八位，其中天津原煤产量位居第一，其余城市的平均原煤生产量按照大小排序分别是：唐山、邯郸、邢台、张家口、承德、石家庄、保定、秦皇岛，其中，千万吨级产煤城市为唐山、邯郸、邢台和张家口市四市。2000—2020年河北省的原煤生产量呈先增后减趋势，2012年达到最高值，随后一直下降。在全国方面，河北省的原煤生产在全国煤炭生产中的占比自2015年起一直呈下降趋势，从2000年的4.59%，下降到2020年的1.1%，2000—2020年河北省原煤产量全国占比如图3-6所示。

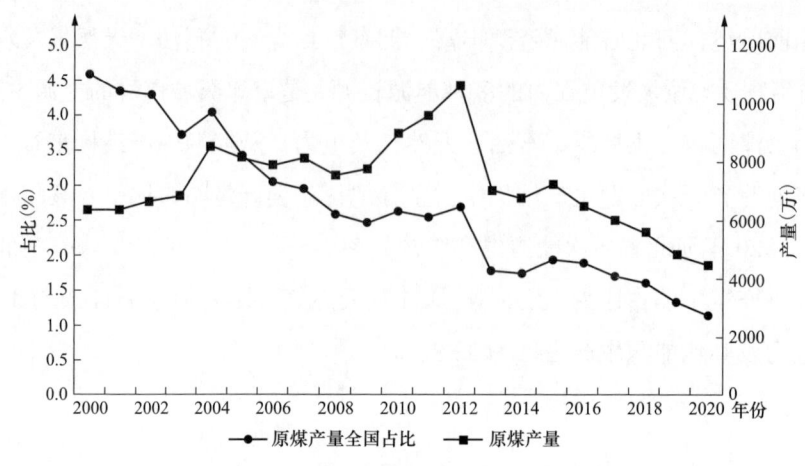

图 3-6 2000—2020 河北省原煤产量全国占比

资料来源：国家统计局，河北省统计年鉴 2021

3.2.2 京津冀能源消费特征

（1）能源消费增长趋势明显，能源消费结构不合理。2020 年京津冀能源消费 47772.32 万 t 标准煤，占全国能源消费总量的 9.6%，是我国能源消费中心之一。2000—2020 年京津两地能源消费总量增长趋缓，但河北省能源消费总量呈持续上升趋势。2000—2020 年京津冀能源消费总量如图 3-7 所示。在能源消费结构方面，2020 年京津冀三地非煤炭能源消费占比分别为 98.5%、67% 与 21%

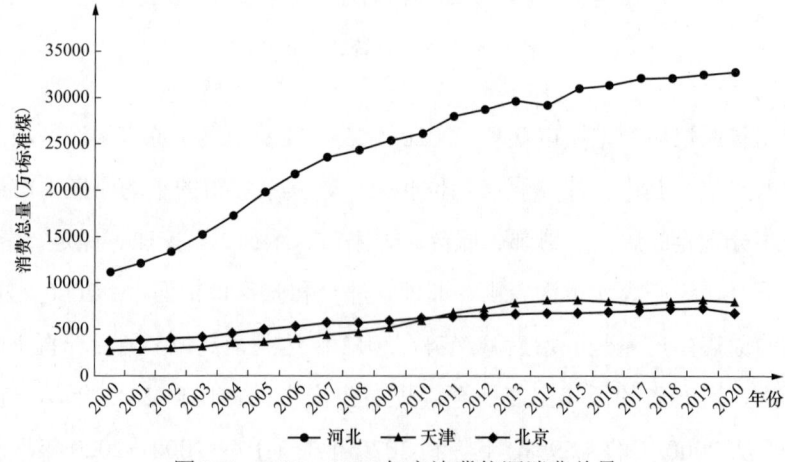

图 3-7 2000—2020 年京津冀能源消费总量

资料来源：河北统计年鉴 2021，北京统计年鉴 2021，天津统计年鉴 2021

（见图3-8）。京津冀区域整体煤炭消费占比仍高达60%，占全国煤炭消费总量的10.17%。显而易见，目前京津冀能源消费结构十分不合理。

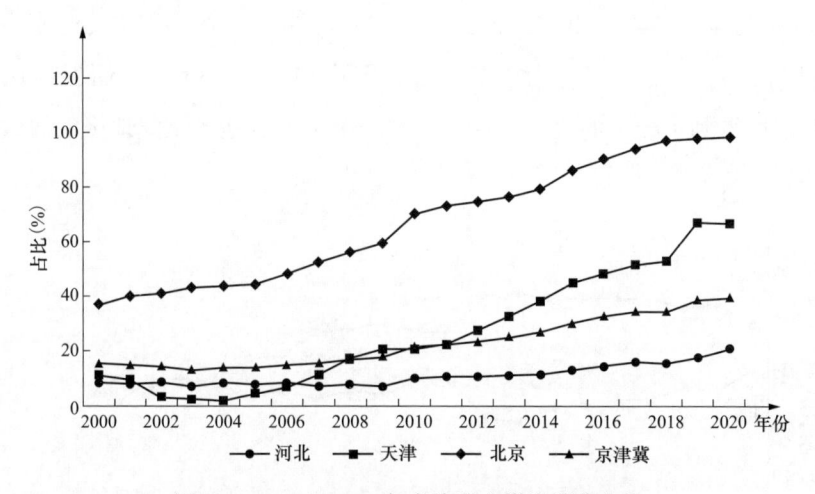

图3-8 2000—2020年京津冀非煤炭消费占比

资料来源：北京统计年鉴2021，天津统计年鉴2021，河北统计年鉴2021

与京津冀其他城市以煤炭主导的能源消费结构不同的是，北京煤炭消费已基本退出。2020年北京市能源消费结构情况是，天然气37.16%、油品29.27%、电力27.8%、煤炭1.5%（见图3-9）。

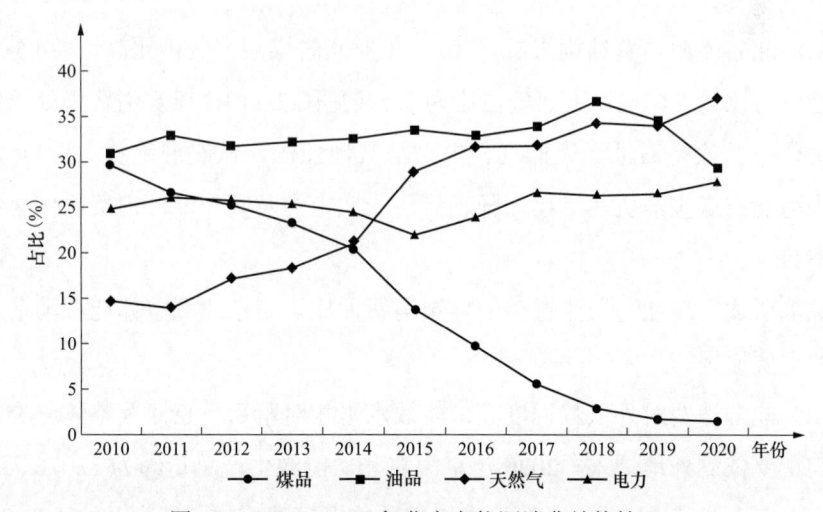

图3-9 2010—2020年北京市能源消费结构情况

资料来源：北京统计年鉴2021

天津市能源消费则主要以煤品及油品为主，天然气、电力消费为辅。2020年天津市煤品消费占比38.57%、油品占比33.72%、天然气与电力消费占比分别为17.01%与11.54%。2001—2020年，天津煤品与油品消费占比分别下降了10.8%与6.9%，天然气及电力消费占比上升了14.6%与3.9%（见图3-10）。能源消费结构得到了一定的改进，这在很大程度上和近些年京津地区的煤改气政策相关。

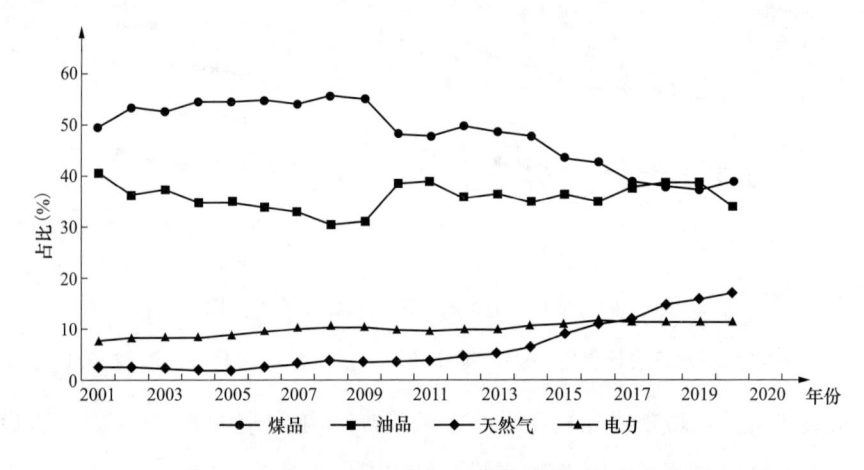

图3-10 2001—2020年天津市能源消费结构情况

资料来源：天津统计年鉴2021

从河北省能源消费结构来看，2020年河北省煤炭消费占比高达80.51%，石油消费占比为5.67%，天然气占比为7%（见图3-11），煤炭消费仍处于绝对领导地位，其次是石油、天然气、电力与其他能源。从发展趋势上看自2014年以来河北省煤炭消费呈小幅下降趋势，一次电力及其他能源消费比例呈小幅增长态势。

综上所述，河北与天津过高的煤炭消费占比，是京津冀整体能源消费结构失衡的重要原因。

（2）能源消费对外依赖程度高，能效水平相对落后。京津冀整体各类能源供应均主要依靠外地调入。2020年京津冀一次能源生产总量约为12076万t标准煤，远远不能满足47411万t标准煤的总能源消费需求。其中，天津100%的煤炭资源需要外地调入；北京100%的石油及天然气资源需要外地调入。除了

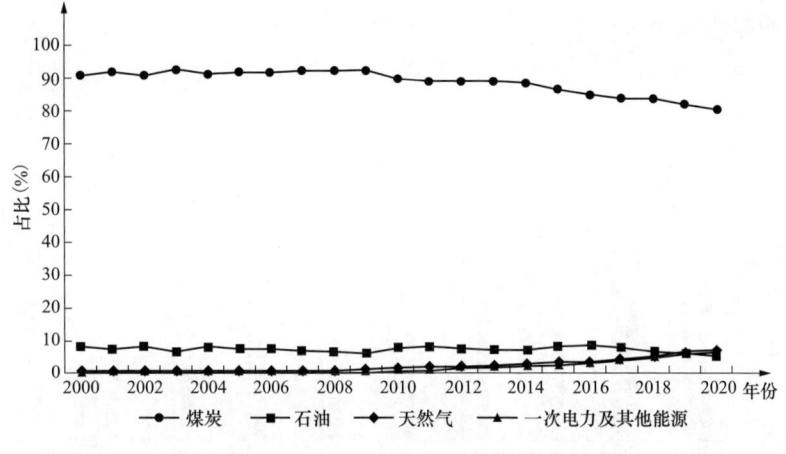

图 3-11　2000—2020 年河北省能源消费结构

资料来源：河北统计年鉴 2021

较低的能源自给率外，京津冀地区能效水平也相对落后。2020 年，京津冀地区的能源消费占全国能源消费的 9.5%，仅创造了约 8.6%的国内生产总值，能效水平低于全国平均水平，相对长三角、珠三角地区还有较大差距，具体从能耗强度来看，2020 年京津冀地区万元 GDP 能耗为 0.54t 标准煤，略高于全国万元 GDP 能耗 0.55t 标准煤的平均水平，而同期长三角、珠三角地区万元 GDP 能耗分别为 0.39t 标准煤与 0.36t 标准煤，均远低于京津冀地区能耗强度。

京津冀水土相连，同在一片蓝天下，防治污染、改善生态环境是京津冀地区人们的共同愿望。京津冀及周边地区作为中国大气污染最为严重的区域，煤炭大规模利用是区域大气污染物排放浓度过高的重要原因之一。虽然北京、天津煤炭消费比重较低，但河北省消耗了以煤炭为主的大量能源，导致京津冀地区大气污染问题愈加严重，特别是以细颗粒物（PM2.5）为特征污染物的区域性大气环境问题日益突出。由图 3-12 可见，北京市可吸入颗粒物（PM10）在 2014 年最为严重，之后开始逐渐下降。河北省自 2012 年起开始进行产业升级，第二产业占比逐步减少。由此看出，京津冀地区的空气污染在很大程度上是由河北省相对落后的产业结构所导致的，即高耗能与高污染的第二产业极大地破坏了京津冀地区的生态环境。2020 年，河北省 PM2.5 平均浓度为 44.8μg/m³，仍超过国家二级标准，环境保护形势仍然严峻，政府需要进一步加快实现产业与能源的绿色低碳转型。

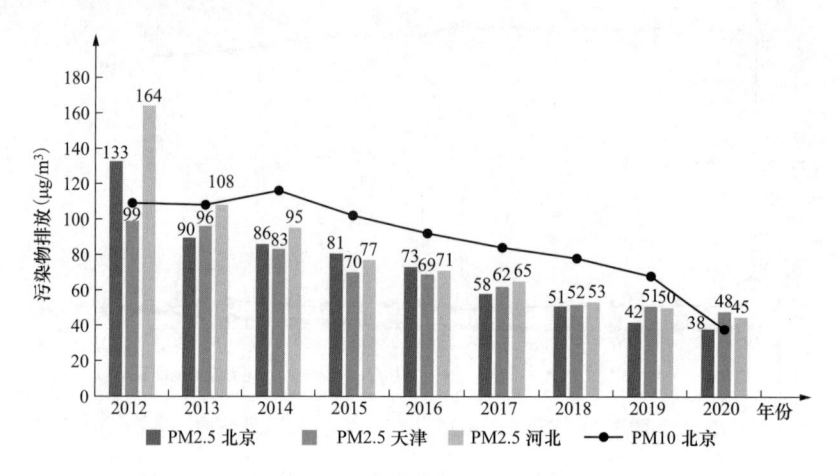

图 3-12　2012—2020 年京津冀地区空气污染物排放情况

资料来源：北京统计年鉴 2021，天津统计年鉴 2021，河北统计年鉴 2021

3.3　小　　结

京津冀地区在能源生产消费方面逐渐淘汰以煤炭为代表的化石能源，清洁能源发电装机占比不断上升。这既源于产业升级所带来的用能需求的改变，也源于人民群众日益增长的环境质量需求与化石能源污染之间的矛盾，以及保障首都城市圈能源安全的考虑。在能源生产总量保持不变，能源需求不断增长的大趋势下，为了保障京津冀城市群的能源安全，满足能源需求并改善环境质量，既要提升一次能源的清洁化水平也要提升二次能源的电气化水平。从京津冀能源资源禀赋及生产消费特点来看，能源转型将是京津冀协同发展的重要手段。

4 能源转型与京津冀协同发展的关联性分析

"能源转型"一词最早来源于德国。1982年,德国应用生态学研究所出版的《能源转型:没有石油与铀的增长与繁荣》一书首次提出了能源转型(Energiewende)的概念,即主导能源要从石油和核能转向可再生能源。进入21世纪,能源转型逐渐成为很多国家的共识,不少学者分别从新技术应用、能源结构、能量原动机、能源体制变革等角度,对能源转型的概念进行了较深入的研究。

相关学者2019年将能源转型概括为两个层次的内容:①主导能源的转换。即一种能源取代另外一种能源的主导地位,从而导致能源结构的调整。能源转型过程中的一个重要表现就是新能源消费数量的扩大以及新能源在能源消费结构中比重的上升,但并不排斥被替代的能源(旧的能源)继续被利用,在技术进步的条件下,可以被更经济、更清洁、更有效地利用。②能源系统的转变。能源系统通常是指将自然界的能源资源转变为人类社会生产和生活所需要的特定能量服务形式(有效能)的体系。能源系统是某个国家或地区经济和社会发展中存在的具有特定社会功能的系统之一,它既包括能源资源和与能源生产、储运、消费相关的物理设施、技术、知识体系等,也包含组织网络和相关的社会要素,如政府部门、企业、消费者、相关法规、制度和规则等。

能源转型是能源生产结构以及能源消费结构和模式的全面优化,具体指能源生产的清洁化以及能源消费的电气化和高效化。其中,能源生产的清洁化是指可再生能源的普遍利用;能源消费的电气化是指能源消费端电力广泛替代其他能源,能源消费的高效化是指能源利用效率的提高。

结合第2章京津冀协同发展及上述能源转型的内涵,本章首先采用文献研究法，定性分析能源转型与京津冀协同发展的关联性；然后通过 BVAR 模型，实证分析能源转型对京津冀协同发展的影响。本章是全书的重点。

4.1　能源转型与京津冀协同发展关联性的定性分析

京津冀协同发展是一个系统工程，《京津冀协同发展规划纲要》明确指出，京津冀协同发展要以疏解"北京非首都功能"为基本出发点，以交通一体化、生态环境保护和产业升级转移三大重点领域为突破口，努力形成京津冀目标同向、措施一体、优势互补、互利共赢的协同发展新格局。

京津冀协同发展的三大重点领域与能源转型彼此关联，相互影响，京津冀协同发展推动能源转型，能源转型促进协同发展。交通一体化与产业升级转移会分别带来交通电气化率的提升以及能源消费结构的优化，提高电力消费在终端能源总消费中的比重。而作为清洁、高效的二次能源，电能的经济效益远超化石能源，是石油的 3.2 倍和煤炭的 17.27 倍。因此，电力对化石能源的替代效应会进一步降低能源强度，促进经济增长。反过来，生态环境保护又会对各部门的能源生产消费结构以及能效提出更高的要求，倒逼能源转型。综上所述，京津冀协同发展全面推动能源转型，能源转型促进京津冀经济、环境协同发展，能源转型与京津冀协同发展关联性示意图如图 4-1 所示。

京津冀协同发展与能源转型彼此关联、相互影响，能源转型与协同发展三大重点领域间的具体关系如下。

4.1.1　能源转型与京津冀交通一体化的关联性

京津冀协同发展离不开交通领域的重点突破。城市轨道交通是现代大城市交通的发展方向，是解决大城市病的有效途径，也是建设绿色城市、智能城市的有效途径。为了加快城市轨道交通的建设，2019 年党中央、国务院出台了《交通强国建设纲要》，明确指出要建设城市群一体化交通网，推进干线铁路、城际铁路、市域（郊）铁路、城市轨道交通的融合发展。城市轨道交通包括：地铁系统、轻轨系统、单轨系统、有轨电车、磁浮系统、自动导向轨道系统、市域

4 能源转型与京津冀协同发展的关联性分析

快速轨道系统。

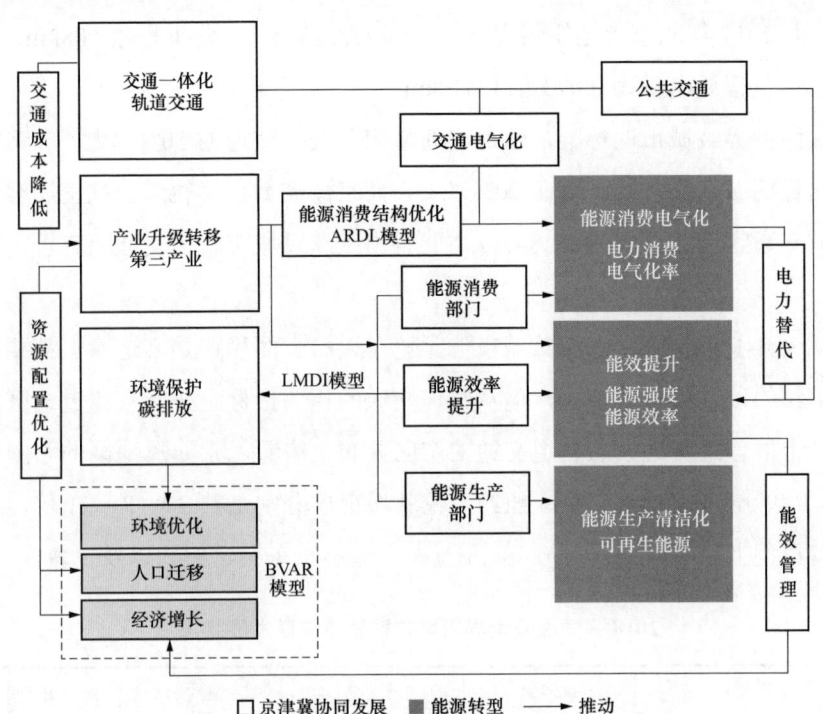

图 4-1 能源转型与京津冀协同发展关联性示意图

在公共交通领域，随着京津冀地区轨道交通线路的陆续开通，运营里程的快速增长导致电力负荷问题日显突出。电力负荷的增长将给京津唐电网[①]提出更加严苛的要求。考虑到京津冀地区的政治特性，电力安全保障成为能源系统需要考虑的头等大事。

2017 年我国铁路消耗总电能达 620.33 亿 kWh，占全国总用电量的 1%～1.5%，是最大的单体负荷，其中高铁牵引能耗为 208.84 亿 kWh 占比 33.67%，高铁牵引变负荷呈现出与行车密度、载重、速度实时相关联的频繁波动状态，高峰时段会显著影响电网静态安全以及电压，甚至对电网供电安全造成危害。

相关专家预测到 2020 年我国轨道交通总里程将达 13385km，年耗电量将

[①] 京津唐电网包含北京、天津、唐山、秦皇岛、承德、张家口、廊坊所在电网以及山西、内蒙古、东北辽宁地区点对网电厂。华北电网包含京津唐电网、河北南网、山西电网、山东电网、内蒙古西部电网。

达 468 亿 kWh，根据计算得我国地铁线路年平均公里耗电量在 0.035 亿 kWh 左右，而 2017 年北京市地铁用电量是 13.99 亿 kWh，运营里程数 608km，计算得出单位里程耗电量为 0.023 亿 kWh/km。

按照世界级城市的标准，轨道交通量应占公共交通的 50% 以上，像东京、巴黎这样的城市群，其比重在 70% 以上，而京津冀城市群轨道公共交通客运量占公共交通客运比重仅为 41.84%。由此看出京津冀城市轨道交通仍有较大发展空间。

从表 4-1 可看出，京津冀城市群无论在人口、面积还是客运量上都要高于东京、纽约以及伦敦城市群，但从轨道交通的相关指标上来看京津冀地区与世界级城市群差距甚远。从轨道交通的空间分布上来看，京津冀地区的路网密度仅为 41.49km/万 km²，东京、纽约及伦敦城市群分别是其 37、8、21 倍。从人均运营里程上京津冀地区为 0.08km/万人也远小于东京、纽约以及伦敦。

表 4-1　　　　　　2018 京津冀及世界级城市群轨道交通发展状况

城市群	京津冀	东京	纽约	伦敦
人口（万）	11000.00	3700.00	2188.00	1443.00
面积（万 km²）	21.50	1.64	3.26	1.06
城市轨道公共交通运营里程（km）	892.10	2568.00	1070.00	902.00
日均客运量	1190.00	968.77	560.00	200.00
年客运量（亿人）	43.44	35.36	17.50	8.50
路网密度（km/万 km²）	41.49	1565.85	328.22	850.94
运营里程/人口	0.08	0.69	0.49	0.63
人口/面积	511.63	2256.10	671.17	1361.32

资料来源：京津冀数据来源于北京统计年鉴 2019，天津统计年鉴 2019，河北省统计年鉴 2019

但由于人口密度的不同，也不能直接进行横向对比，从表 4-1 看出京津冀地区的人口密度与纽约城市群的人口密度近似，因此以纽约城市轨道交通发展现状作为京津冀城市群轨道交通未来发展目标理论可行。类比纽约城市群轨道交通的人均运营里程，可得京津冀地区城市轨道公共交通里程数未来增量将在

4498km 左右，根据北京市及 2020 年我国轨道交通单位里程耗电量可得到京津冀未来年负荷增量将在 103.45 亿～157.43 亿 kWh 左右。相当于京津冀地区 2018 年电力消费总量的 1.8%～2.7%。

交通部门电力消费的快速增长，会提升交通电气化率，替代交通领域的化石能源（如燃油）消费，实现能源消费结构的优化。而能源消费结构的优化，会推动能源效率的提升。简言之，交通一体化会倒逼能源消费结构的优化，推动能源转型。

4.1.2 能源转型与京津冀生态环境保护的关联性

京津冀协同发展规划纲要指出，在生态环境保护方面，要推动能源生产和消费革命从而促进绿色循环低碳发展。这是因为以煤炭为主的化石能源的大规模利用，是温室效应及区域大气污染的主要原因之。虽然北京、天津煤炭消费比重较低，但河北省 2018 年煤炭消费比重仍高达 84.5%。河北省煤炭的大量消费，导致京津冀地区生态环境恶化，特别是温室气体排放所导致的温室效应日益突出。

相关研究表明：二氧化碳是我国最主要的温室气体，占温室气体排放总量的 83.5%，能源活动是我国温室气体最大的排放来源，占温室气体排放总量的 77.7%。其中电力、制造、建筑及交通部门是主要碳排放部门占碳排放总量的 90%。基于上述研究结果可看出，为了减少碳排放，实现生态环境保护的重点突破，必须从电力、制造、建筑及交通部门的能源活动出发推动能源转型。电力部门表现为电力生产结构的优化即可再生能源发电占比的提高，建筑、制造及交通部门表现为电气化率以及能源利用效率的提高。

综上所述，为了从源头减少大气污染物排放，提升京津冀环境容量，电力、交通、建筑部门的清洁化、低碳化、高效化发展势在必行，环境保护倒逼能源转型，同时能源转型也会反作用于环境保护促进环境优化。

纵观国内外典型城市发展经验，能源转型一直是促进生态环境保护，减少碳排放的重要手段，也是世界级城市一直推动的发展理念。协调京津冀地区能源消费与环境治理之间的关系，需要能源转型。

4.1.3 能源转型与产业升级转移的关联性

从产业结构上来看北京已经进入后工业化阶段，而天津初步进入后工业化时期，河北还处于以"二、三、一"为标准的工业化阶段，随着京津冀三地环保政策和中央有关京津冀协同发展政策的落实，京津冀区域内产业转移逐步加快，这种产业转移既有北京向津冀转移，也有京津向河北的转移。同时河北省自身产业发展的战略重点也指出，将对现有的能源原材料工业实行大幅度结构调整、规模调整和技术更新。在未来京津冀城市产业结构中，工业部门占比将不断降低，战略性新兴产业以及服务业占比将持续攀升，生产模式也将由集中生产、规模化生产向多元化生产、个性化生产转变。产业的升级会导致用能需求从粗放转向集约、从集中转向分散、从高污染转向低碳。因此，无论是工业用能结构的持续演进，还是不同部门的用能结构的快速变化，都对京津冀城市供能形态提出了越来越高的要求。

为进一步量化产业升级转移对能源消费结构的影响，本书从产业结构高级化、合理化、可持续化三个方面出发，运用自回归分布滞后模型对1991—2018年京津冀产业升级转移与煤炭消费结构的关系进行了实证分析，具体结果见附表2-10。从短期系数来看产业结构合理化与高级化以及可持续化的变动对京津冀煤炭消费结构均具有显著影响，产业结构高级化、合理化及可持续化每提高0.01个单位，煤炭消费比重分别下降，0.06%、0.48%与0.28%。从长期系数来看，产业结构高级化与可持续化的发展均会抑制煤炭消费结构的增长，高级化、可持续化每提升一个单位，煤炭消费比重下降 0.2896%与 0.2716%，但产业结构协调化每提升一个单位反而会增加0.271%的煤炭消费比重，这是由于协调化更注重产业之间的协同发展，而不单单是产业转移，由于京津冀地区目前仍以第二产业为主，且煤炭无论是从经济性、可获得性与实用性上仍占据主导地位。产业结构的调整的压力会迫使企业家发展清洁煤利用技术以大幅提高煤炭的使用效率减少了工业成本，同时减少了空气污染物的排放，这反而会一定程度上提升煤炭的消费。

研究发现随着产业结构的转移升级，京津冀能源消费结构将由煤炭消费转向以天然气与石油消费为主。但是，考虑到京津冀地区"富煤、贫油、少气"的资源禀赋特点，"煤改油"不具备条件，"煤改气"面临巨大的天然气供给缺口。相关学者的研究表明，京津冀除发电用煤约 2 亿 t 外，供暖、工业锅炉和窑炉等用煤每年达 1.4 亿 t，二者均以分散使用为主。如果散煤全部用天然气替代，天然气需求量将增加 750 亿 m^3/年。2017 年京津冀天然气生产总量仅 52.11 亿 m^3，消费总量为 342.58 亿 m^3。也就是说，散煤"煤改气"带来的天然气需求增量将是 2017 年京津冀天然气生产总量的 15 倍，消费总量的 2.2 倍，电煤"煤改气"带来的天然气需求量将是 2017 年天然气生产总量的 21 倍，消费总量的 3 倍。因此，从能源供应安全角度来看，"煤改气"不具备长期可行性，"煤改电"才是最终出路。

电力作为最清洁、最便捷的二次能源，无论是从安全、能效、还是从环保角度，都具有巨大优势。产业升级转移将改变京津冀现有能源消费结构，推动能源消费结构的电气化。能源消费结构的电气化既是解决京津冀地区的能源安全问题的根本手段，也是适应产业结构转移的关键一环。能源消费结构的电气化也意味着电力消费的增多，意味着在以燃煤发电为主的发电结构下，碳排放的增加。因此，必须改变以火电为主的发电结构，提高清洁可再生能源在发电中的占比。"去煤"已成必然趋势，"提气"存在供应安全隐患，唯有"增清洁可再生能源发电"才能从根本上解决问题。

目前，京津冀煤炭消费仍然占据主导地位，但是随着产业结构的变动，石油、天然气需求有较大上升空间，但结合资源禀赋可看出，京津冀石油天然气严重稀缺，如何承接煤炭淘汰所导致的需求成为重要问题，所以倒逼能源转型。

4.2 能源转型与京津冀协同发展关联性的定量分析

4.2.1 变量的选取

在定性分析的基础上，本节将通过 BVAR 模型，进一步对能源转型与京津冀协同发展之间的相关性进行实证分析。在具体指标选取上，由于京津冀协同发展的最终政策效果主要体现为经济增长以及环境的优化,且上述分析表明能源转型对经济增长与环境优化具有推动作用。为了简化运算,本书选取 GDP 与工业碳排放总量作为京津冀协同发展的评价指标。依据能源转型定义,选取可再生能源装机占比、电力消费总量、能源强度作为能源转型评价指标,分别代表能源生产的清洁化、能源消费的电气化及高效化。变量选取及含义如表 4-2 所示。

表 4-2   变量选取及含义

符号	变量选取	变量含义
C	工业碳排放总量	京津冀协同发展
A	国民生产总值	
S	可再生能源装机占比	能源转型
B	电力消费总量	
I	能源强度	

为减少多重共线性并消除量纲的影响,对各变量取对数并进行标准化处理。具体公式为:$x_i = (x_i - \bar{x})/s$,其中 x 为相关变量,s 为标准差。本书选取 1991—2018 年数据,数据来源为国家统计局官方网站、京津冀三地统计年鉴、中国能源统计年鉴以及中国电力统计年鉴,其中,京津冀工业碳排放总量数据运用 IPCC 碳排放系数法,根据化石能源消费量测算得到。所有数据均进行了标准化处理。

与传统的 VAR 模型相比,BVAR 模型可以更好地估计出各变量对整个经济系统的影响程度,减少在无约束条件下的自由度损失,从而提高预测精度。因此,在上述理论基础上,本书将建立一个基于 Minnesota 共轭先验分布的 BVAR 模型以研究能源转型与京津冀协同发展之间的动态联动关系。

4.2.2 模型检验

由于对非平稳的时间序列数据直接建模会产生伪回归现象,因此,需要对变量数据进行平稳性检验。如果数据平稳,便可以进行下一步分析;反之,则需要进行协整性检验。本书依次对相关变量进行单位根检验后,输出结果如表

4-3 所示。

表 4-3 平稳性检验

变量	ADF 值	10%临界值	p 值	结论
lnA	−0.97	−1.61	0.29	不平稳
D（lnA）	−3.16	−2.64	0.04	平稳
lnB	−0.72	−1.61	0.39	不平稳
D（lnB）	−2.65	−2.63	0.09	平稳
lnC	−1.09	−1.61	0.24	不平稳
D（lnC）	−1.95	−1.61	0.05	平稳
lnI	−5.17	−3.24	0.00	平稳
D（lnI）	−5.07	−3.25	0.00	平稳
lnS	−5.70	−3.23	0.00	平稳
D（lnS）	−5.70	−3.23	0.00	平稳

结果发现，变量 lnA、lnB、lnC 的原序列不平稳，但是，经过差分后所有变量均通过了 ADF 检验，原序列均为一阶单整数据。因为原数据不平稳，进一步运用 Johansen 协整方程进行协整检验后，发现在 0.05 的显著性水平下，Trace 检验与 Maximum Eigenvalue 共得出 4 个协整关系，可判断时间序列数据存在长期关系。Johansen 协整检验结果如表 4-4 所示。

表 4-4 Johansen 协整检验结果

假设协整方程数	特征值	迹统计值	0.05 的临界值	概率
无限制的协整检验（迹检验）				
0	0.929368	154.7065	76.97277	0
至多 1 个	0.777701	88.44955	54.07904	0
至多 2 个	0.611767	50.8563	35.19275	0.0005
至多 3 个	0.480702	27.20256	20.26184	0.0047
至多 4 个	0.351325	10.8206	9.164546	0.2441
无限制的协整检验（最大特征值检验）				
0	0.929368	66.25696	34.80587	0
至多 1 个	0.777701	37.56325	28.58808	0.0027

续表

无限制的协整检验（最大特征值检验）				
假设协整方程数	特征值	迹统计值	0.05 的临界值	概率
至多 2 个	0.611767	23.65374	22.29962	0.0322
至多 3 个	0.480702	16.38196	15.8921	0.0419
至多 4 个	0.351325	10.8206	9.164546	0.0241

在确定模型所选数据存在长期协整关系后，运用 EVIEWS 软件，根据 Log、LR、AIC、SC、HQ 等信息准则，选取最佳滞后期数，由表 4-5 可知，最佳滞后期为 3 期（表中带*的）。因此，本书建立 BVAR（3）模型。模型建立后进一步对稳定性进行检验。图 4-2 显示所有点均落在了单位圆内，这表示所有特征根倒数的模都小于 1，BVAR 模型具有良好的稳定性。接下来可以进一步进行脉冲响应分析。

表 4-5   滞 后 阶 数 选 择

Log	LogL	LR	FPE	AIC	SC	HQ
0	186.6787	NA	$1.83×10^{-13}$	−15.13989	−14.89446*	−15.07478
1	222.3737	53.54252*	$7.92×10^{-14}$	−16.03114	−14.55858	−15.64047
2	248.906	28.74333	$9.55×10^{-14}$	−16.15884	−13.45913	−15.4426
3	292.7852	29.2528	$5.45×10^{-14}$	−17.73210*	−13.80526	−16.69031*

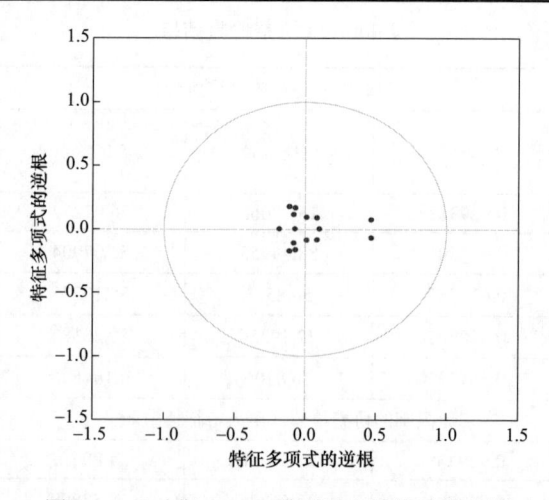

图 4-2 贝叶斯 BVAR 模型稳定性检验输出图

4.2.3 研究结果分析

图 4-3 分别给出了各个内生变量受到一个正标准差的外生冲击时，其他变量从 0~10 期的脉冲响应结果：图 4-3（a）～图 4-3（f）分别为电力消费、能源强度以及可再生能源装机占比受到变动正向冲击时，京津冀国民生产总值和工业碳排放总量所作出的响应；图 4-3（g）～图 4-3（l）分别为 GDP 与碳排放受到正向冲击时，电力消费、能源强度以及可再生能源装机占比所做出的响应。从图 4-3 可以发现，所有脉冲响应函数最后都收敛，这说明建立的模型较为稳定。

(a) GDP 对电力消费的响应

(b) 碳排放对电力消费的响应

(c) GDP 对能源强度的响应

(d) 碳排放对能源强度的响应

(e) GDP 对可再生能源装机的响应

(f) 碳排放对可再生能源装机的响应

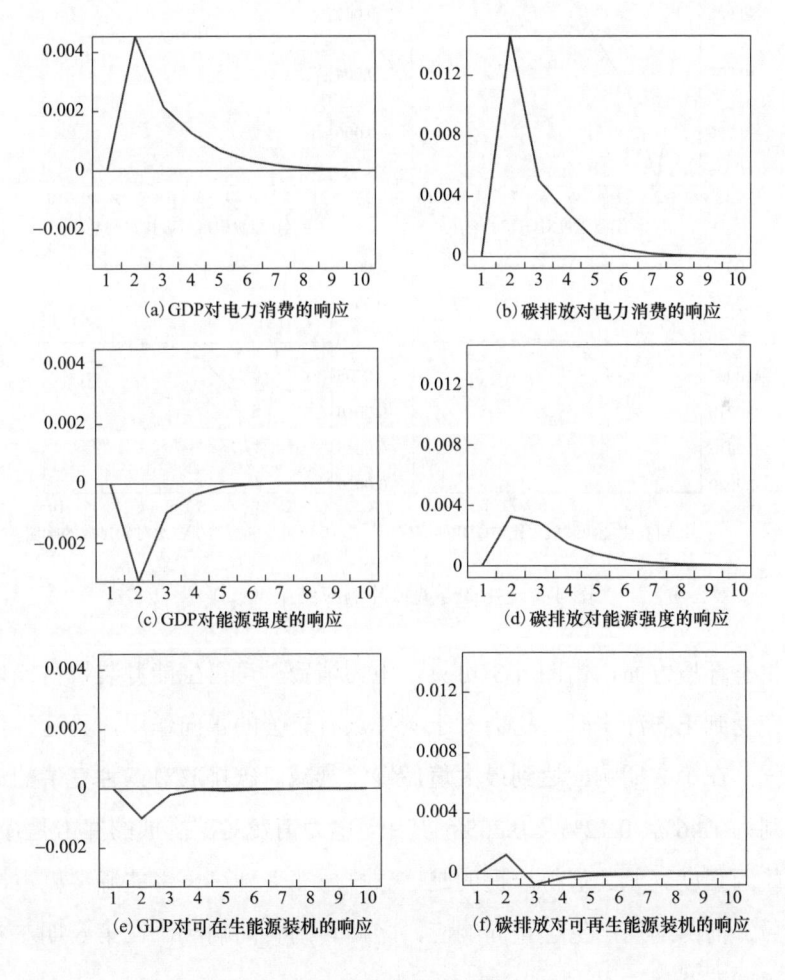

图 4-3 主要变量脉冲响应结果（一）

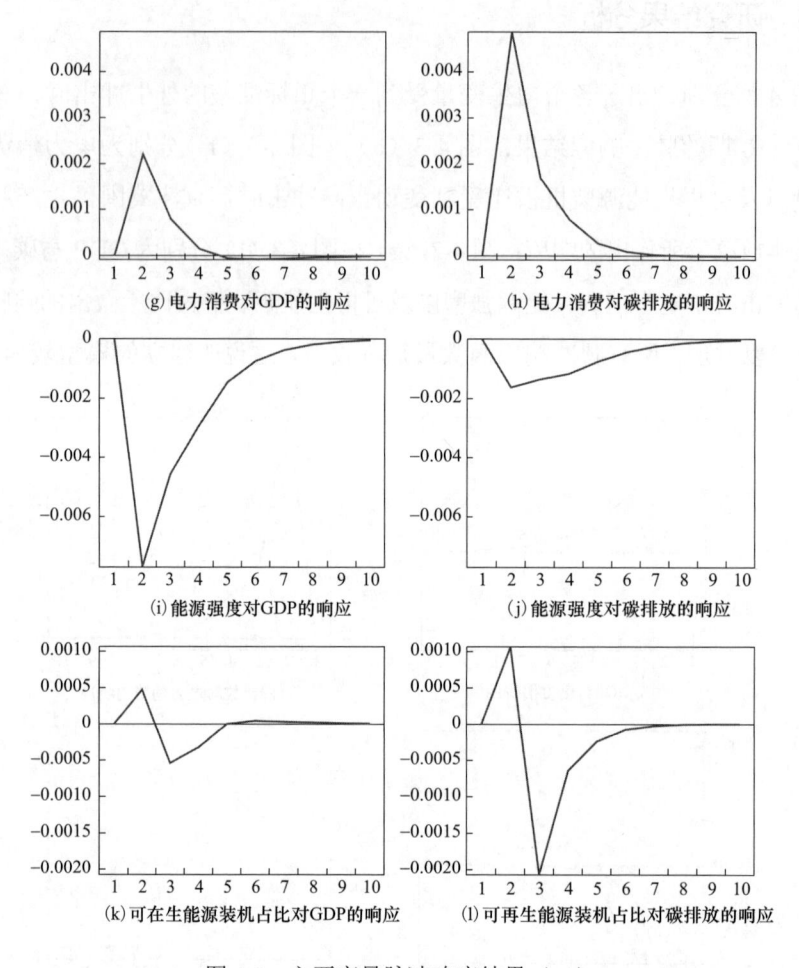

图 4-3　主要变量脉冲响应结果（二）

在生态环境方面，由图 4-3 可见，电力消费、可再生能源装机占比以及能源强度在受到正向冲击时，均会对于碳排放有较强的正向作用，且这种作用会逐渐增强，在第 2 期响应达到最大值后慢慢衰减。碳排放对三种变量的最大响应值分别为 1.46%、0.12% 及 0.33%，其中，电力消费对碳排放的冲击是最大的，其次是能源强度。尤其值得一提的是，碳排放在受到可再生能源装机占比的正向冲击后，前两期均产生了正向响应，之后转为负向响应，在第 6 期左右负向冲击几乎减弱至 0。

在经济方面，GDP 对电力消费有较强的正向响应，而对可再生能源装机占比及能源强度则有负向响应。脉冲响应均在第 2 期达到峰值，其后慢慢衰减。GDP 对三种变量的最大响应值分别为 0.45%、–0.10%与–0.33%。由此可见，电力消费对 GDP 的影响力最大。

图 4-3（a）～图 4-3（b）显示，GDP 与碳排放均会对电力消费的增长产生显著的正向响应，同时电力消费也会对 GDP 与碳排放的增多产生显著的正向响应。前一情形说明，电力消费的增长在生产侧体现为发电用化石能源消耗的增多，在消费侧体现为经济活动的活跃，进而导致了碳排放与 GDP 的增多。后一情形下，碳排放与 GDP 的增长反过来推动了二次能源的电气化，进而推动了电力消费的增长。这一结果表明，在现有能源系统下，经济增长与生态环境保护的目标无法同时实现。能源系统需要改变现有能源生产结构，加大可再生能源发电的渗透率。

图 4-3（c）～图 4-3（d）显示，能源强度的增长会导致环境恶化以及经济衰退。换言之，能源强度受到负向冲击时，GDP 会有一个较强的正向响应，碳排放会有一个显著的负向响应。当 GDP 与碳排放受到正向冲击时，又会推动能源强度的降低。这一方面说明能效提升对于京津冀协同发展具有重大贡献，另一方面说明京津冀协同发展会推动能效提升的步伐。

图 4-3（e）～图 4-3（f）显示，现阶段可再生能源装机占比的增长并没有产生良好的经济与环境效益，同时 GDP 与碳排放对于可再生能源装机占比的推动作用均呈先正后负的趋势。这可能是因为可再生能源发展初期，装机容量增多，拉动了上游可再生能源产品制造业的发展，可再生能源产品在制造过程中（如光伏制造产业链中的硅砂提炼），产生了大量碳排放。后期随着可再生能源发电量的增加，环保效益逐步显现。从现实情况看，如图 4-4 和图 4-5 所示，2000—2020 年可再生能源装机占比的快速增长并没有带来可再生能源发电占比的等量增长。同期，京津冀三地火电装机总量与火电发电总量均在不断增长，这挤压了可再生能源发电的市场空间，使得可再生能源环境经济效益难以得到充分实现。

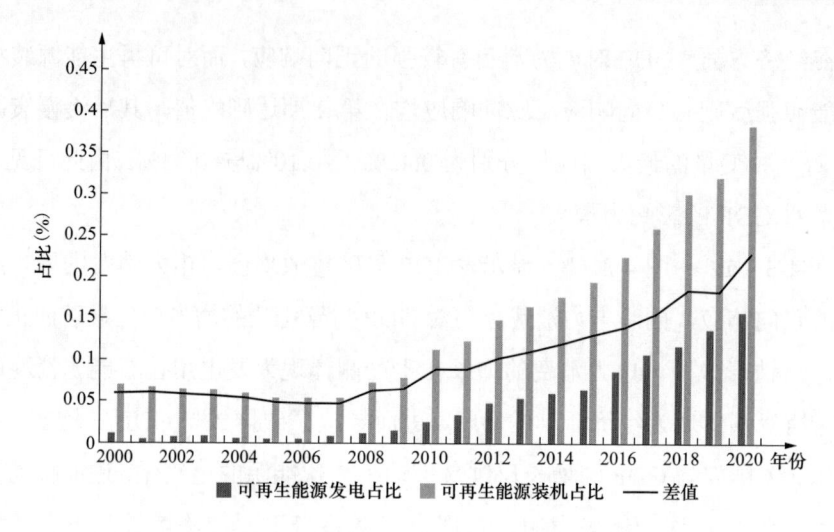

图 4-4 2000—2020 年京津冀可再生能源发电和装机占比

资料来源：中国电力统计年鉴 2021

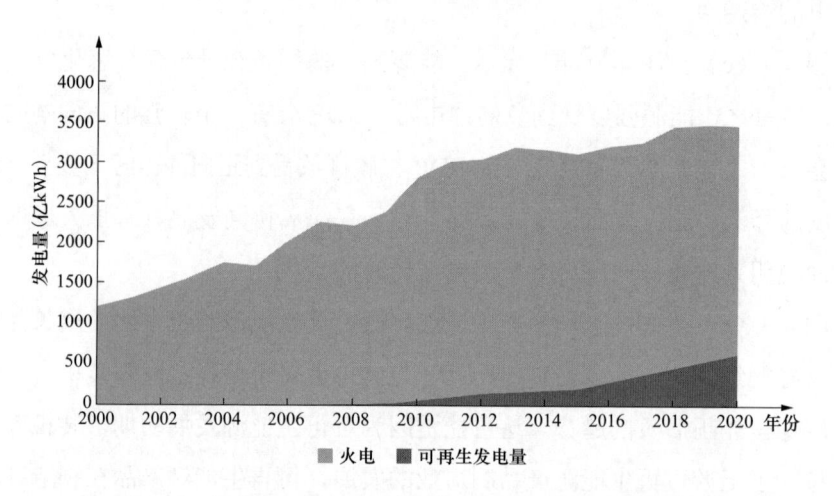

图 4-5 2000—2020 京津冀火电和可再生能源发电量变动趋势

资料来源：中国电力统计年鉴 2021

4.3 小　　结

能源转型与京津冀协同发展彼此关联，相互影响。协同发展推动能源转型，能源转型促进协同发展。交通一体化、产业升级转移和生态环境保护领域的率先突破，会对能源转型起显著推动作用，反过来能源转型又会进一步促进三地环境的优化。

　　现有能源系统下，经济增长与生态环境保护的目标无法同时实现。现阶段电力消费对 GDP 与碳排放的增长具有显著的正向作用，而 GDP 与碳排放的增长又会进一步推动电气化进程，拉动电力消费，导致碳排放的进一步增加。因此，现阶段经济增长与低碳减排不可兼得。与可再生能源相比，能效管理在现阶段更具经济环境效益。以牺牲环境为代价的经济增长方式会倒逼能效提升。能效的提升可以显著促进京津冀三地经济的绿色增长。现阶段京津冀三地可再生能源发电的经济效益为负，可再生能源对碳排放量的影响趋势呈倒 U 形，总体减排效益不明显。

5 京津冀能源转型的环保效应分析

考虑到电力系统和交通系统是京津冀能源转型的两个重点领域，因此，本章在第 3、4 章分析的基础上，以电力系统的清洁化与交通系统的电气化为例，进一步分析能源转型对京津冀环境的影响，即京津冀能源转型的环保效应。

5.1 电力系统清洁化的环保效应

5.1.1 方法及数据来源

（1）电力行业 CO_2 排放核算方法。如前所述，由于京津冀地区资源禀赋总体特征是多煤、缺油、少气，因此该地区大部分区域电力生产以煤电为主。以煤电为主的发电结构，带来了大量 CO_2 排放和巨大的环保压力。随着能源转型和经济的快速增长，未来电力消费量也将有所增长。因此，有效控制电力行业 CO_2 排放量，是京津冀能源转型的关键，具有重要意义。

现阶段电力行业低碳化发展的主要手段也正是能源转型的主要途径，即：一次能源的清洁化与二次能源的电气化。为了进一步探究京津冀能源转型带来的碳减排效应，本书首先以电力行业为切入点，运用对数平均迪氏指数法（logarithmic mean divlsia lndex，LMDI）模型对京津冀电力行业的减排潜力以及主要贡献因素进行定量分析。

本节首先综合考虑发电、输电、用电等多环节，分析电力行业碳排放结构体系，构建自下向上的电力行业 CO_2 排放核算模型，将终端电力消费量、低碳能源发电占比、火电内部结构、火力发电效率以及线损率等因素都考虑在内；

然后采用情景分析方法,科学设置京津冀地区2017~2030年电力行业发展情景,探索京津冀电力行业CO_2减排潜力,并利用LMDI分解方法,进一步分析各因素对未来电力行业CO_2减排潜力的贡献。

本节电力生产消费数据、电源结构数据、线损率来源于北京统计年鉴、天津统计年鉴、河北统计年鉴、中国能源统计年鉴以及中国电力统计年鉴,单位燃煤和燃气发电的CO_2排放量以及碳排放因子等数据来自IEA。

为体现各因素对电力行业CO_2排放的影响,本节先对电力系统CO_2排放进行初步的结构分解,如图5-1所示。

电力行业的CO_2排放主要来自于发电环节,但由于电力属于即发即用的产品,因此发电量的多少主要取决于电力的消费量,而电力从发电端到用电端的传输过程会有一些线路损耗,因此发电量就由终端电力消费量、线路损失率两部分共同决定。

从电源结构来看,又分为低碳能源发电(参考京津冀地区低碳能源结构占比,本节在模型构建过程中选取的低碳能源仅包含风、光、水电)、火力发电及外受电力,低碳能源发电与外受电力不产生CO_2排放,因此只需计算火力发电产生的CO_2排放。火力发电的CO_2排放又由火力发电的内部结构、各种火力发电的发电效率决定。因此电力行业的CO_2排放核算公式为

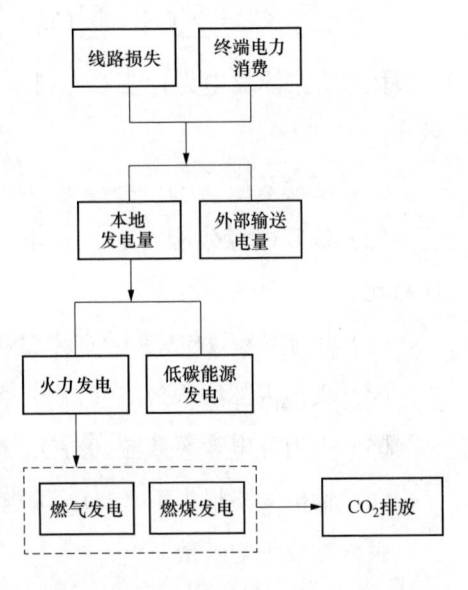

图5-1 电力系统CO_2排放结构分解

$$CE = \sum_{i=\Psi} CE_i = \sum_{i=\Psi} \frac{P}{1-\mu} \times (1-b) \times (1-a) \times TP_i \times EF_i \times e_i \quad (5\text{-}1)$$

式中:CE为电力行业CO_2排放总量,t;CE_i为第i种火力发电方式带来的CO_2排放量,t;Ψ为各种火力发电方式集合,包括燃煤发电、天然气发电;P为终端电力消费量,kWh;μ为线路损失率,%;a为低碳能源发电量占比;b为外

受电比例；TP_i 为第 i 种火力发电方式发电量占火力发电比重，%；EF_i 为第 i 种火力发电方式单位发电量燃料消耗，GJ/kWh；e_i 为第 i 种火力发电方式采用燃料的 CO_2 排放因子，t/GJ。

（2）减排因素贡献分解方法。在对 CO_2 排放量的影响因素进行研究的方法中，应用最多的是指数分解法。其中，LMDI 分解方法由于有效解决了分解中的剩余问题和数据中 0 值与负值问题。本书基于前文建立的 CO_2 排放核算模型对电力行业 CO_2 排放的影响因素进行 LMDI 分解。为了便于分解，令式（5-1）中 $1/(1-\mu)=U$，$1-a=A$，$1-b=B$，从而将式（5-1）改为

$$CE = \sum_{i=\Psi} CE_i = \sum_{i=\Psi} CE_i = \sum_{i=\Psi} P \times U \times B \times A \times TP_i \times EF_i \times e_i \qquad (5\text{-}2)$$

因此，京津冀电力行业 CO_2 排放变化可以分解为以下 6 个方面因素产生的效应：

（1）活动效应（P）：终端电力消费量。

（2）低碳能源效应（A）：水电、风电、太阳能发电等低碳能源发电量合计占比。

（3）电力贸易效应（B）：京津冀从其他地区接受优质电力占总输电量比重。

（4）火电内部结构效应（TP）：各种火力发电方式发电量占比的变化。

（5）火力发电效率效应（EF）：火力发电单位发电量燃料消耗。

（6）输电线路损失率（U）：输电过程中的线损率。

引入对数平均函数

$$L(x,y) = \begin{cases} (x-y)/(\ln x - \ln y), x \neq y \\ x, x = y \\ 0, x = y = 0 \end{cases} \qquad (5\text{-}3)$$

利用 LMDI 分解方法可将式（5-2）分解成如下形式

$$\Delta CE = CE_T - CE_0 = \Delta P + \Delta U + \Delta A + \Delta B + \Delta TP + \Delta EF \qquad (5\text{-}4)$$

式（5-4）中，$\Delta CE = CE_T - CE_0$ 用来表示电力行业 CO_2 排放从初始年份 0 到第 T 年的变化量，其余各因子分别表达各种影响因素对电力行业 CO_2 排放变化的贡献。其余变量的具体算法为

$$\Delta P = \sum_{i=\Psi} L(CE_{i,T}, CE_{i,0}) \ln \frac{P_T}{P_0} \qquad (5\text{-}5)$$

$$\Delta U = \sum_{i=\Psi} L(CE_{i,T}, CE_{i,0}) \ln \frac{U_T}{U_0} \qquad (5\text{-}6)$$

$$\Delta A = \sum_{i=\Psi} L(CE_{i,T}, CE_{i,0}) \ln \frac{A_T}{A_0} \qquad (5\text{-}7)$$

$$\Delta B = \sum_{i=\Psi} L(CE_{i,T}, CE_{i,0}) \ln \frac{B_T}{B_0} \qquad (5\text{-}8)$$

$$\Delta TP = \sum_{i=\Psi} L(CE_{i,T}, CE_{i,0}) \ln \frac{TP_{i,T}}{TP_{i,0}} \qquad (5\text{-}9)$$

$$\Delta EF = \sum_{i=\Psi} L(CE_{i,T}, CE_{i,0}) \ln \frac{EF_{i,T}}{EF_{i,0}} \qquad (5\text{-}10)$$

5.1.2 京津冀电力行业 CO_2 减排潜力分析

1. 情景设置

本节将为京津冀电力行业设置3个不同的发展情景，分别是基准情景、当前政策情景和低碳政策情景。每个情景都是基于不同的政策假设而设置的，分别代表一条中国电力行业未来的发展路径。情景中考虑的主要参数包括前文提到的终端电力消费量、低碳能源发电占比、外受电比例、火力发电内部结构、火力发电效率和线路损失率。

我国《能源发展"十三五"规划》指出，"十三五"期间全社会用电量在3.6%~4.8%之间，因此在场景设计方面，基准场景的终端电力消费（P）增长率选择4.8%、当前场景终端电力消费增长率选为4.2%，低碳场景选择较为极端的3.6%以促进低碳发展。2018年以来，随着金沙江上游水电送电河北、张北—雄安特高压交流工程等项目的确立，外电入冀进程持续加快，因此当前场景外受电比例（B）2025年与2030年分别取35%与40%，低碳场景取40%与50%。

基准情景假设中国电力行业从2017年开始不采取额外的节能以及应对气候变化的政策。发电结构保持2017年水平不变。当前场景与低碳场景的可再生能源占比（a）分别根据《河北省可再生能源发展"十三五"规划》与《全球能源视角2019》估算得出。其余部分数据参照时间序列变动趋势及国际低碳标准进行估算得出。能源转型场景设计如表 5-1 所示。

表 5-1　　　　　　　　　能源转型场景设计

参数	2017 年	2025 年	2030 年	2017 年	2025 年	2030 年	2017 年	2025 年	2030 年
P	4974.7	7238.7	9151.0	4974.7	6913.7	8492.8	4974.73	6601.584	7878.562
u	0.064	0.064	0.064	0.064	0.062	0.060	0.064	0.060	0.056
a	0.106	0.106	0.106	0.106	0.218	0.288	0.106	0.300	0.500
EF_1	0.00216	0.00216	0.00216	0.00216	0.002	0.0019	0.00216	0.0019	0.0017
EF_2	0.00576	0.00576	0.00576	0.00576	0.0055	0.0053	0.00576	0.005	0.0045
$1-B$	0.686	0.686	0.686	0.686	0.650	0.600	0.686	0.600	0.500
TP_1	0.868	0.868	0.868	0.868	0.800	0.700	0.868	0.500	0.100
TP_2	0.132	0.132	0.132	0.132	0.200	0.300	0.132	0.500	0.900

将各情景参数带入式（5-1），得到各情景 2030 年之前的 CO_2 排放。2030 年之前，京津冀电力行业 CO_2 排放在前两个情景中都将持续增长。但 CO_2 排放增幅大不相同，低碳场景下 CO_2 排放呈显著下降趋势。2005—2023 年不同场景下京津冀电力部门碳排放情况如图 5-2 所示。

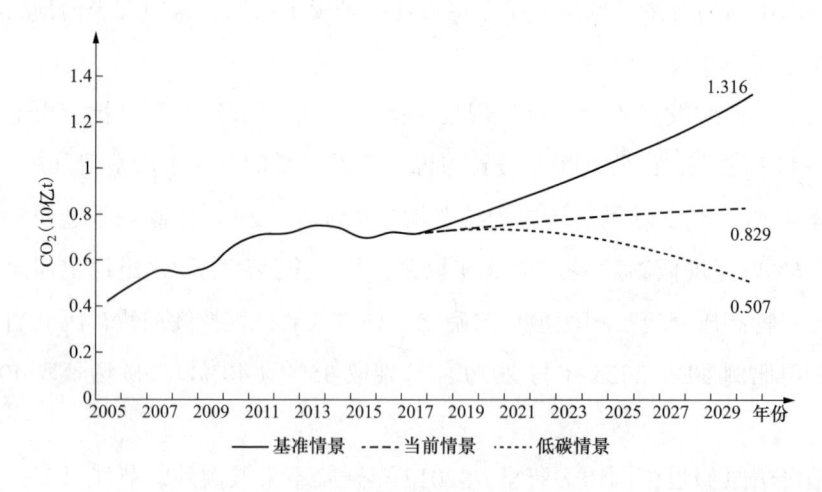

图 5-2　2005—2030 年不同场景下京津冀电力部门碳排放情况

2. 京津冀电力行业 CO_2 减排因素贡献分析

研究结果显示，2017—2030 年各情景中对扩大 CO_2 排放贡献最大的因素是终端电力消费量,其次是火电内部结构效应的 CO_2 排放。由于京津冀地区用能水平的持续推进,越来越多的生产用能设备从其他能源转向了电力,由此可看出,即使煤改气会短期内减少碳排放,但在长期随着终端电力消费量的提升 CO_2 排放量仍会增长。2017—2030 年京津冀地区能源转型对碳减排的潜力分析如表 5-2 所示。

表 5-2　2017—2030 年京津冀地区能源转型对碳减排的潜力分析

指数	基准情景		当前情景		低碳情景	
ΔP	0.60097	100%	0.4045	85%	0.2134	65.68%
ΔU	0	0	−0.0032	−0.68%	−0.00395	−1.22%
ΔA	0	0	−0.1718	−36.06%	−0.2695	−82.94%
ΔTP	0	0	0.07175	15.07%	0.11153	34.32%
ΔB	0	0	−0.101118	−21.23%	−0.1467	−45.14%
ΔEF	0	0	−0.0862	−18.09%	−0.11307	−34.79%
ΔCO_2	0.60097	100%	0.11401	23.94%	−0.20827	−64.09%

对抑制 CO_2 排放贡献最大的因素是清洁能源装机占比的变动,其次是外受电比例及化石能源利用效率,这意味着能源转型的两大主要途径中,发展可再生能源是更加重要的,同时京津冀地区应该在保障能源安全的前提下加大电力市场构建增加外受电比例。由此看来,电力需求侧管理、积极推广清洁能源装机占比加大外受电比例以及研发节能技术在未来将是京津冀电力行业 CO_2 减排的最重要手段之一。

进一步在当前场景上运用阻尼趋势模型对京津冀地区 PM2.5 浓度进行时间序列预测分析得到图 5-3。由图 5-3 可见,北京与天津的 PM2.5 浓度预计在分别在 2023 年与 2025 年趋近于 0,河北省在 2031 年左右降至 $10\mu g/m^3$ 达到 WHO 认证的安全标准。

在低碳场景下,2030 年京津冀地区 PM2.5 浓度不会高于当前场景下的预测结果,因此,在能源转型推动的低碳政策情境下,2030 年京津冀地区无论在空气质量还是碳减排方面都将取得巨大成效。

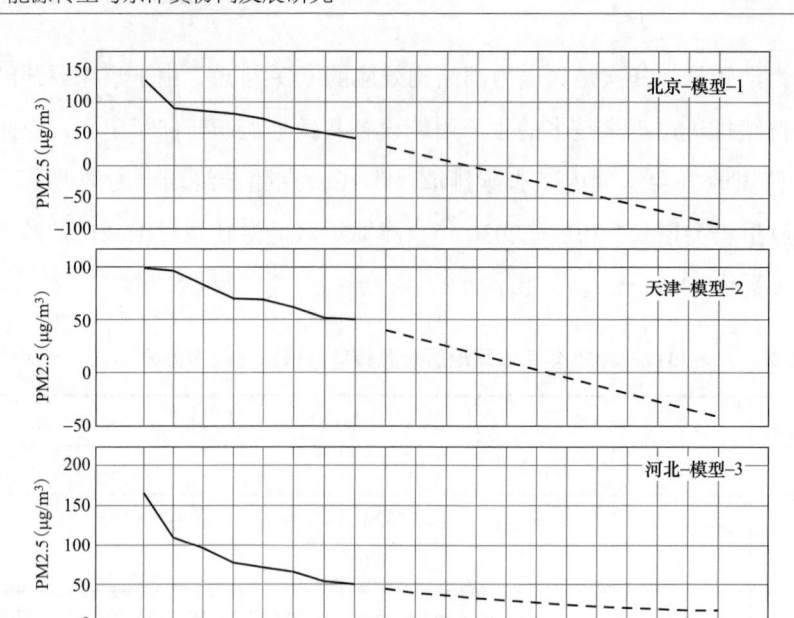

图 5-3　当前场景下 2012—2031 年京津冀 PM2.5 预测

5.2　交通领域电气化的环保效应

5.2.1　模型构建与参数估计

交通系统作为温室气体排放的主要部门，对我国的环境恶化起到了重大影响。《中国环境管理年报 2020》数据显示："2014 年，交通运输温室气体排放量约为 8.2 亿 t 二氧化碳当量，其中二氧化碳排放量占 99.0%，交通运输温室气体排放约占全国温室气体排放总量的 6.7%"。交通系统的巨大碳排放量既昭示着其强大的环境破坏力，同时却也对应着巨大的减排潜力。

2019 年京津冀地区汽车保有量已经达到 2956.4 万台，全国占比高达 11.38%，京津冀地区仅以全国 2.3% 的国土空间容纳了高达 11.38% 的汽车存量，这给京津冀的生态环境造成了巨大的挑战。因此京津冀交通能源转型无论是从环境上还是国家战略上都已势在必行。交通部门碳排放分解模型如图 5-4 所示。

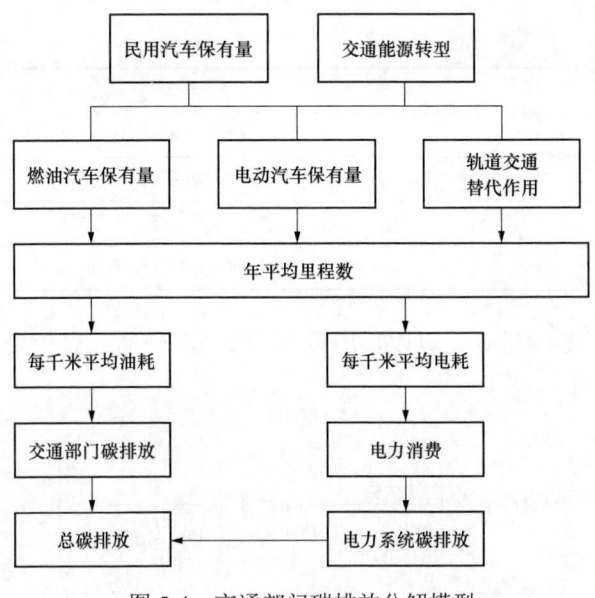

```
        ┌─────────────┐      ┌─────────────┐
        │ 民用汽车保有量 │      │ 交通能源转型 │
        └──────┬──────┘      └──────┬──────┘
               │                    │
    ┌──────────┼──────────┬─────────┴──────┐
    │                     │                │
┌───┴────────┐   ┌────────┴───┐   ┌────────┴────┐
│ 燃油汽车保有量 │   │ 电动汽车保有量 │   │ 轨道交通替代作用 │
└───┬────────┘   └────────┬───┘   └─────────────┘
    │                     │
    └──────────┬──────────┘
               │
        ┌──────┴──────┐
        │  年平均里程数  │
        └──────┬──────┘
    ┌──────────┴──────────┐
┌───┴────────┐     ┌──────┴─────┐
│ 每千米平均油耗 │     │ 每千米平均电耗 │
└───┬────────┘     └──────┬─────┘
┌───┴────────┐     ┌──────┴─────┐
│ 交通部门碳排放 │     │   电力消费   │
└───┬────────┘     └──────┬─────┘
    │             ┌───────┴──────┐
┌───┴────┐        │  电力系统碳排放 │
│ 总碳排放 │◄───────└──────────────┘
└────────┘
```

图 5-4 交通部门碳排放分解模型

1. 模型构建

本节采用 Bass 扩散模型在对我国新能源汽车保有量发展趋势进行预测的基础上,进而对 2030 年交通系统能源转型给京津冀三地带来的环保效应进行分析。Bass 扩散模型是一种针对新产品市场规模的成长模型。该理论认为一项新开发的耐用品投入市场中,新产品的扩散速度主要由大众传播媒介与消费者口头交流两种方式影响。前者是以广告媒体为代表的外部影响,这种方式能够将产品的性能、价格、特色、优势等特点广而告之;后者是消费者内部的交流,传播一些不经过使用本产品难以向社会潜在消费者说明的本产品的质量可靠性、使用体验感等信息。基于以上理论,新产品潜在的消费者被分为两类,一类是倾向于受到广告等媒体的影响的创用者,另一类是倾向于受到消费者内部交流者影响的模仿者。新能源汽车 Bass 扩散模型变量含义见表 5-3。Bass 模型基本形式为

$$n(t) = p[M - G(t)] + \frac{q}{M} G(t)[M - G(t)] \tag{5-11}$$

表 5-3　　　　　　　　新能源汽车 Bass 扩散模型变量含义

变量	含义
$n(t)$	t 年新增新能源汽车数量

续表

变量	含义
M	最大市场潜力
p	创新系数
q	模仿系数
$G(t)$	t 年新能源汽车保有量

进一步通过数学推导，可以得出以下 t 时刻新产品的累积采用量 $G(t)$ 的表达式为

$$G(t) = M\left(\frac{1-e^{-(p+q)t}}{1+\frac{q}{p}e^{-(p+q)t}}\right) = M\left(\frac{1-e^{-at}}{1+\frac{q}{p}e^{-(p+q)t}}\right) \qquad (5\text{-}12)$$

2. 主要参数估计

M 代表潜在采用者数量，新能源汽车的潜在保有量数目和汽车保有量数目密切相关，表 5-4 是 2009—2019 年京津冀民用汽车保有量。

表 5-4   2009—2019 年京津冀民用汽车保有量   万辆

年份	北京	天津	河北
2010	452.9	158.24	492.88
2011	473.2	190.78	607.19
2012	495.7	221.12	728.51
2013	518.9	261.58	816.29
2014	532.4	274.14	930.08
2015	535	273.62	1075.03
2016	548.4	273.69	1245.89
2017	563.8	287.75	1387.21
2018	574.6	298.69	1529.98
2019	590.8	306.97	1666.7

数据来源：北京统计年鉴 2020，天津统计年鉴 2020，河北省统计年鉴 2020

从表 5-4 可见，京津冀三地汽车保有量稳步增长，但是，北京与天津增速于 2014 年开始放缓，于是运用二项式拟合上述数据，以 2010 年为第 1 期（$t=1$）

对京津冀民用汽车保有量进行拟合得到图 5-5 可见回归效果优秀。从而进一步可以得到第 t 期我国汽车保有量的预测公式 M 为

$$M = 0.7591x^2 + 152.84x + 961.35 \qquad (5\text{-}13)$$

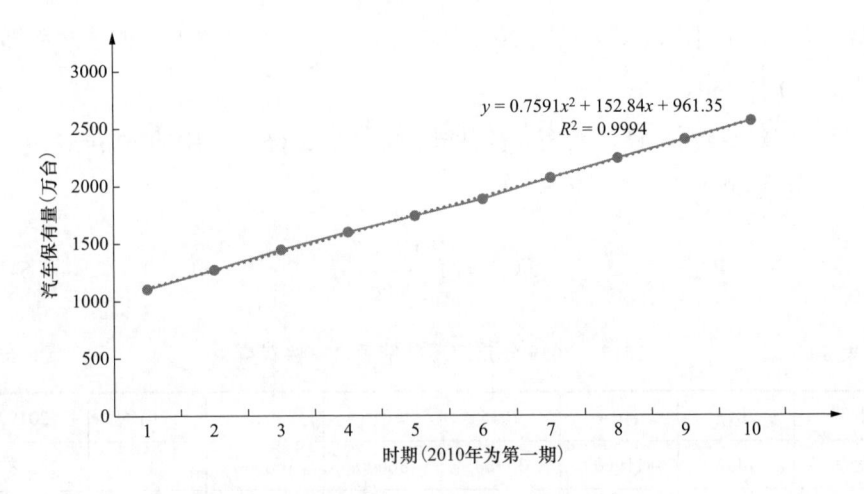

图 5-5 京津冀地区民用汽车保有量回归分析

带入相关数据，预测京津冀 2020—2030 年汽车保有量数据如表 5-5 所示。

表 5-5　　　　　　2020—2030 年京津冀汽车保有量预测　　　　　　万台

年份	2020	2021	2022	2023	2024	2025	2026	2027	2028	2029	2030
汽车保有量	2734.4	2904.7	3076.6	3249.9	3424.7	3601.1	3779.0	3958.4	4139.3	4321.8	4505.8

由表 5-5 可见，2030 年京津冀地区汽车保有量在 4505.8 万辆左右，按照国际规则测算，汽车保有量即总人口数乘以单位个人汽车保有量，国外饱和地区个人汽车保有量系数在 0.6 左右，结合我国资源分布特点，国家信息中心预测我国未来平均千人汽车保有量在 450 左右。而 2019 年中国总人口为 14 亿，京津冀地区总人口约为 1.1 亿，在人口数量已接近饱和的基础上，根据国家信息中心的预测分析及国外饱和地区经验数据可合理推出未来京津冀汽车饱和量将在 4950 万~6600 万辆。2019 年京津冀地区汽车保有量还远未饱和，所以结合京津冀地区汽车保有量的增长趋势及饱和量预测分析可看出预测数据较为合理。

新能源汽车推广富有成效的国家，新能源汽车渗透率为10%左右，按照2030年汽车保有量的数据，当期京津冀新能源汽车保有量大致为450万辆，但是考虑到京津冀地区对新能源汽车的重视以及结合国家信息中心对新能源汽车20%渗透率的预测，低碳场景取20%的渗透率，当前场景取10%的渗透率即M分别取900与450。

对于创新系数p，模仿系数q的估计，首先令式（5-12）中的$p+q=a$，$q/p=b$，则可以将其变形为

$$G(t) = M \frac{1-e^{-at}}{1+be^{-at}} \tag{5-14}$$

表5-6　　　　2013—2019年京津冀新能源汽车保有量　　　　　　　　　　台

年份	2013	2014	2015	2016	2017	2018	2019
北京	1464	11900	35900	86000	160000	234000	291987
天津	0	2825	13900	38500	80612	125000	133170
河北	0	15239	21323	26354	49992	87555	123055

数据来源：课题组搜集整理《天津市新能源汽车推广应用实施方案（2013—2015 年）》、北京市人民政府网站、中国汽车工业年鉴、河北省交管局、天津市科委

再利用SPSS软件，按照表5-5和表5-6所示京津冀新能源汽车保有量数据，对新能源汽车保有量进行非线性回归得到结果如表5-7所示。

表5-7　　　　　　　　创新系数与模仿系数估计结果

场景	当前场景		低碳场景	
参数	系数	p	系数	p
a	0.382	0.000	0.360	0.000
b	90.446	0.030	165.251	0.020
R^2	1		0.976	

从表5-7可以看出，非线性回归的拟合优度和显著性检验都比较合适，新能源汽车预测模型的构建较为成功。在此基础上代入相关数据，运用该模型对京津冀地区的新能源汽车保有量进行预测分析，结果如图5-6所示。

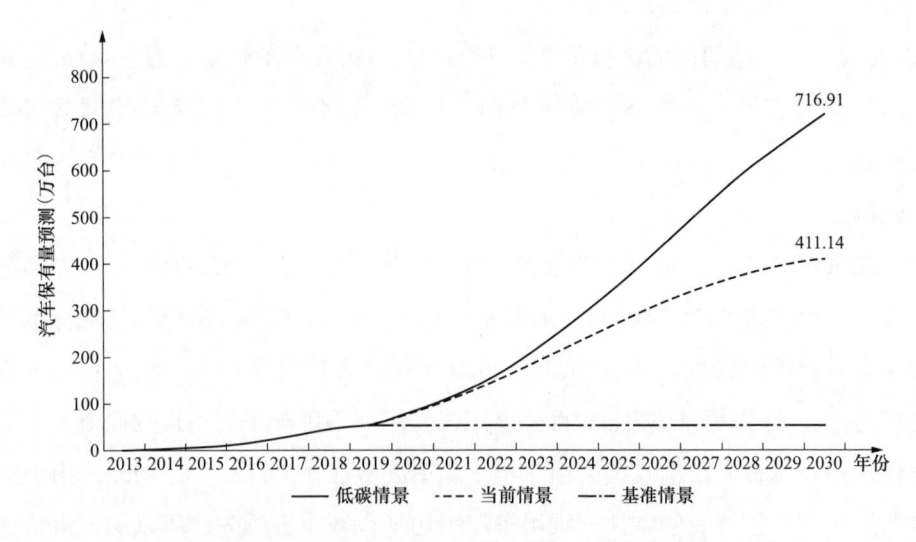

5 京津冀能源转型的环保效应分析

图 5-6 京津冀地区新能源汽车保有量预测分析

预测得出低碳场景下 2030 年京津冀地区新能源汽车保有量为 717 万辆，当前场景下 2030 年新能源汽车保有量为 411.14 万辆。自然资源保护协会研究报告分析指出 2030 年我国新能源汽车保有量将达 1 亿辆，由于京津冀地区人口占比为 1/14 可合理推测 2030 年京津冀地区应在 714 万辆左右，可见模型预测结果较为理想。

世界资源研究所报告指出，无论是在私人乘用车领域还是公共领域，中国的新能源汽车都是以纯新能源汽车为主。2018 年中国纯新能源汽车保有量占新能源汽车保有量的 81%。随着新能源汽车技术的成熟可合理预测 2030 年京津冀地区纯新能源汽车比例会进一步上升，为了简化运算本节中新能源汽车全部指纯新能源汽车，简称为新能源汽车。

5.2.2 碳排放预测

1. 燃油替代减排分析

随着新能源汽车保有量的增长，传统燃油汽车逐渐被取代，CO_2 排放也会随之减少，京津冀地区 2030 年电动车带来的碳减排效应计算公式为

$$C_T = (Q - Q_E) \times O \times T \times \eta = Q \times \left(1 - \frac{Q_E}{Q}\right) \times O \times T \times \eta = Q \times S \times O \times T \times \eta \quad (5-15)$$

式中：C_T 为交通部门的碳排放量，万 t；Q 为私人汽车数量，万台；Q_E 为新能源汽车保有量；O 为单位乘用车油耗标准，L/百公里；T 为京津冀乘用车年平均里程数，万 km；η 为车用汽油 CO_2 排放系数，kg/L；S 为燃油车占私家车比例。

在乘用车能耗方面，2019 年我国乘用车平均油耗为 5.5L/百公里，《中国制造 2025》已明确 2025 年我国乘用车能耗标准为 4L/百公里，考虑到能耗标准及乘用车普及的时滞性，当前场景下 2030 年京津冀地区乘用车平均能耗标准取 4L/百公里，低碳场景下取 3L/百公里。在京津冀乘用车平均里程数取值上，国家信息中心负责人指出我国乘用车年平均里程数在 1.2 万～1.3 万 km，由于京津冀地区首都经济圈的特性，乘用车年平均里程数全国领先，所以课题组认为 2019 年京津冀地区乘用车平均里程数应向上取 1.3 万 km。但是考虑到未来京津冀地区轨道交通的建设会挤压私家车的出行需求，参照轨道交通预计占未来公共交通出行比例的增长趋势的基础上对平均出行里程数进行了合理预测。

关于车用汽油 CO_2 排放系数，本书根据 IPCC 数据基础上，进行单位转换得 η=2.26kg/L。在这些参数设计基础上，最后得到京津冀地区 2019—2030 年交通部门碳排放情景设计，分别为基准情景、当前情景和低碳情景，如表 5-8 所示。其中，基准情景是不采取任何节能减排措施，仅作为对照组；当前政策场景主要基于三地已经颁布的能源电力政策、发展规划、专业机构的研究报告、新闻报告的基础上进行取值。低碳场景则是在基准场景的基础上采用更加激进的政策来促进电力部门低碳转型的发展，在低碳能源发电占比、发电效率、电源结构方面都采用更加积极的数值。2010—2030 年不同情景下京津冀交通部门的排放量如图 5-7 所示。

表 5-8　　　　　　　　京津冀交通部门碳排放情景设计及参数

参数	基准情景			当前情景			低碳情景		
	2019 年	2025 年	2030 年	2019 年	2025 年	2030 年	2019 年	2025 年	2030 年
Q	2564.47	3601.10	4505.80	2564.47	3601.10	4505.80	2564.47	3601.10	4505.80
Q_E	54.80	54.80	54.80	54.80	274.04	411.14	54.80	351.96	716.90
O	5.50	5.50	5.50	5.50	4.50	4.00	5.50	4.00	3.00
T	1.30	1.30	1.30	1.30	1.26	1.19	1.30	1.19	1.06

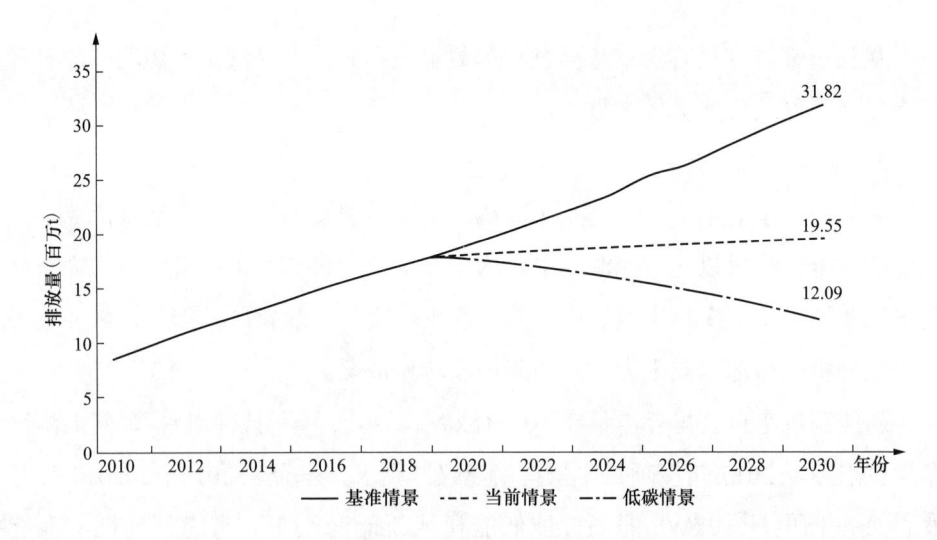

5 京津冀能源转型的环保效应分析

图 5-7　2010—2030 年不同情景下京津冀交通部门的碳排放

从图 5-7 可见，与基准情景相比，当前情景和低碳情景中的交通系统分别减少了 1227t 和 1973 万 t 的碳排放。

从表 5-9 可以看出，2019—2030 年影响碳排放的最重要因素是私家车数量，在当前下，其对碳排放的贡献高达 100%，其次才是单位燃料消耗、年平均行驶里程数，最后是电动汽车拥有量，减排驱动力分别为 57%，15% 与 13%。随着京津冀协同发展的不断推进，人口流动将越来越频繁，因此，交通出行需求也会越来越大。到 2030 年，京津冀汽车数量将达到 4506 万台，但尚未达到饱和。汽车数量的持续增长将使得燃油汽车的存量持续增多。因此，在存量效应的影响下，与推广电动汽车相比，现阶段轨道交通一体化与燃油车的能效管理对减少交通部门碳排放更具效率。

表 5-9　2019—2030 年不同情景下京津冀交通部门碳排放贡献分析

情景	基准情景		当前情景		低碳情景	
ΔQ	1365.37	98%	1056.09	100%	835.66	100%
ΔO	0.00	0.00	−596.72	−57%	−898.71	−108%
ΔS	22.68	2%	−138.81	−13%	−224.91	−27%
ΔT	0.00	0.00	−159.50	−15%	−297.13	−36%
ΔC_T	1388.05	100%	161.06	15%	−585.09	−70%

从长远来看，只有当京津冀燃油车数量饱和时，电动汽车对燃油车的替代效应以及环保效应才会较为显著。

2. 间接排放分析

新能源汽车的增多会引起京津冀地区电力消费量的增长。由于京津冀地区目前的发电结构仍以化石能源为主，为了维持电力供需平衡，引致电力需求会使电源侧派生出更多煤电或气电，从而产生更多的二氧化碳。因此，需要进一步定量分析交通部门向电力部门的碳排放转移情况。

新能源汽车百公里耗电量在10～15kWh，2016年科技部出台《"新能源汽车"试点专项2017年度项目申报指南建议》要求，车企在2016—2020年间开发百公里耗电量10kWh的高性能低能耗纯新能源汽车。考虑到高性能新能源汽车普及的时滞性，本书预测2030年左右高性能新能源汽车将在京津冀地区基本普及。在上述分析基础上，根据式（5-16）计算得出不同场景下，2030年交通部门能源转型将引致新增电力消费7.124亿、53.45亿kWh与93.21亿kWh。

$$P = Q_E E D \tag{5-16}$$

式中：P为新能源汽车充电量；Q_E为新能源汽车数量；E为单位新能源汽车百公里耗电量；D为乘用车年平均里程数。在得出引致电力消费的基础上利用上节LMDI分析方法得到，不同场景下新能源汽车转移给电网侧的二氧化碳排放量，即到2030年，交通运输系统在不同情况下的间接碳排放量分别为10.25万、52.23万t和60.5万t。

在基准情景、当前情景和低碳情景下，新能源汽车的普及将会导致京津冀电力部门碳排放量分别增加10.25万、52.23万t及60.5万t。在此基础上综合考虑交通电气化带来的碳转移以及碳减排效应，可以进一步得到不同情景下京津冀新能源汽车综合碳排放预测结果，具体如图5-8所示。交通部门的碳排放总量在基准情景、当前情景、低碳情景下分别为3193万、2008万t与1269万t碳排放量。由此可见，京津冀交通部门能源转型的环保效益巨大。

由于基准情景不采取任何节能减排措施，仅作为对照组，所以不具有实际意义。从差值上看，电力需求引致的碳排放增量相比于交通能源转型所带来的减排量而言十分微小，这说明在现阶段交通部门能源转型的碳减排的主要贡献因素依次是能源效率、轨道交通替代效应、电动车替代效应，其次才是电源结构。

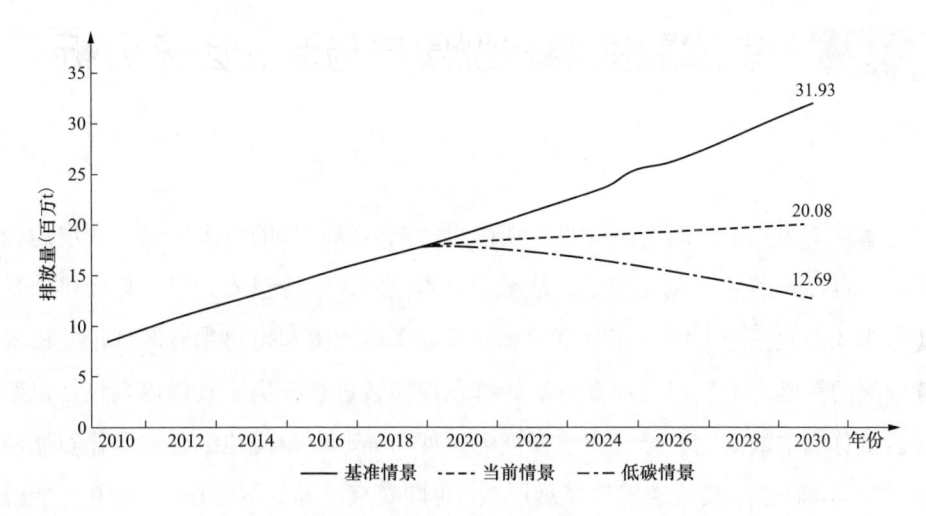

图 5-8　不同情景下京津冀新能源汽车综合碳排放预测

5.3　小　　　结

对电力系统能源转型环保效应的定量分析表明，在低碳情景下，电力系统能源转型会显著抑制碳排放增量，使碳排放增量由正变负，其中电源结构是最重要的影响因素，其次是外受电比例与本地化石能源的燃烧利用效率。这意味着京津冀能源转型应首先以推动本地清洁能源装机，保障本地能源供给安全；其次，应构建区域电力市场，加大能源要素流动，充分利用各区域能源比较优势，增大外受电比例；最后，应提升传统能源的利用效率。对交通系统能源转型环保效应的研究结果表明，与基准情景相比，在低碳情景下京津冀交通电气化将带来1924万t的碳减排量，京津冀交通部门的能源转型具有巨大的环保效益。现阶段交通部门能源转型的碳减排的主要贡献因素依次是能源效率、轨道交通替代效应、电动车替代效应，其次才是电源结构。交通电气化所引致的电力消费增量及碳排放增量，远远小于交通电气化所带来的碳减排量。

6 京津冀能源转型愿景与制约因素分析

本章首先基于政府有关文件，明确京津冀能源转型的基本原则、实现途径与总体目标。然后，建立模型，从减少资本投入、能源投入、二氧化碳排放量和考虑社会效应等方面，在对京津冀地区的负荷预测和可再生能源理论装机容量预测的基础之上，对京津冀低碳转型发展愿景进行分析。具体内容包括以新增装机总成本最低为目标，考虑新能源发展布局、电源优化组合和非化石能源发展规模，对京津冀低碳转型发展愿景，也即对京津冀地区2020—2050年能源转型中各类能源装机容量进行优化。在优化模型中考虑了电网运行的安全，电力电量平衡和可再生能源理论装机容量的约束作用。最后，结合模型和三省市实际情况，进一步分析实现京津冀能源转型的各种制约因素。

6.1 京津冀能源转型基本原则、途径与总体目标

6.1.1 京津冀转型发展基本原则

1. 效能为本，协调发展

协调是推动京津冀能源协同发展的内在要求。树立协调发展理念，协调三省市的功能定位，错位发展并相辅相成，共同服务于区域整体发展目标。充分利用各地比较优势，最大限度激发区域积极性，调整区域生产力布局。通过三地合理分工，理顺区域产业发展链条，形成区域产业合理分布和上下游联动机制，实现从同质化竞争到差异化发展的重大转变。同时，加强区域能源系统的统筹优化，推动各类能源协同发展，大幅提升整体效率。

2. 清洁低碳，绿色发展

绿色是推动京津冀能源协同发展的重要保障。着力调整区域能源结构，以清洁低碳能源作为重要方向，统筹规划区域内非化石能源高效投资与化石能源清洁利用的发展路线。逐步降低区域煤炭消费比重，提高清洁能源消费比重，大幅降低区域二氧化碳及其他污染物排放水平。树立绿色发展理念和绿色政绩观念，扩大区域环境容量生态空间，加强省市间生态环保合作，实现从资源能耗型发展到资源节约型、环境友好型可持续发展的重大转变。

3. 坚守底线，安全发展

安全是推动京津冀能源协调发展的基本底线。树立底线思维，增强危机意识，坚持国家总体安全观，牢牢把握能源安全主动权，将能源安全理念体现在区域发展的各个层面。推动区域能源供应多元化，着力优化能源结构，大力实施能源电力产业链提升工程，构建起区域内多渠道、多元化的能源供应体系，提升能源储备能力，进一步掌握能源安全主动权。

4. 整体谋划，共享发展

共享是推动京津冀能源协同发展的目标愿景。树立共享发展理念，实现三地发展水平稳步提升，公共服务逐步趋势等，致力于打造共商、共建、共管、共享、共赢的能源生态，为服务京津冀地区能源转型升级，构建区域清洁低碳、安全高效的现代智慧能源体系做出贡献。

6.1.2 京津冀能源转型实现途径

1. 推动区域能源技术革命

多环节增强区域电网韧性和灵活性，提高系统接纳大规模可再生能源发电的能力。加强电网调峰能力建设，进一步增强电力、燃气调峰能力，积极发展储能建设。进一步推广应用清洁低碳能源开发利用技术。加强科技创新前瞻和资源共享。聚焦能源安全等"卡脖子"难题，大力加强核心技术攻关能力，不断强化关键环节、关键领域、关键产品保障能力。建立协同创新平台，以重大项目为载体，以重大科技专项和科研项目为支撑，提升产业科技创新能力。协同推进科技成果转移转化。进一步加强新能源发电技术、储能技术、智能电网技术等核心关键技术创新，提升发电持续稳定性，突破大规模新能源消纳瓶颈，为构建灵活多元、多能互补的电源供应体系提供保障。

2. 推动区域能源体制革命

构建有效的能源竞争体系。加快区域能源资源优化配置，进一步放开市场准入，持续扩大电力跨省区交易规模，完善地区电能量市场和辅助服务市场的建设和产品衔接。统一市场准入标准，鼓励各类市场主体平等参与三地能源基础设施和运营。推进能源市场体制机制改革。完善能源市场定价机制、新能源消纳体制机制，在发电环节加快推行新能源灵活电价机制，落实消纳保障机制，规范优先发购电计划管理，在用电环节扶持培养负荷聚集商，设计负荷侧参与新能源消纳的市场机制。完善绿色能源市场配套机制建设。将环境友好纳入区域能源发展考虑因素，完善碳市场、绿证市场建设，加强与电力市场的协调衔接机制建设。建立京津冀能源协同发展机制，由三省市能源主管部门组成联席会议，加强对协同事项的统筹指导和综合协调。

3. 推动区域能源消费革命

调整能源产业结构，推动煤炭清洁高效利用和非化石能源可持续发展。在能源消费侧，推动煤炭清洁高效利用。推进冬季清洁取暖，推进清洁能源替代，加快推进燃煤锅炉关停淘汰。加快煤炭清洁利用，实施油品升级改造，实施煤炭绿色开发。此外，加快推进去产能工作，加快淘汰煤炭、电力行业的落后产能。深入推进节能减排，促进可再生能源消纳。推进可再生能源发展，大力发展风电、光伏，推进风电基地建设。优先安排张家口可再生能源示范区等可再生能源和清洁能源上网，实现在京津冀区域一体化消纳。实施电能替代工程。规划建设能源高端应用示范区，鼓励多能互补、智能融合的能源利用新模式。推广电锅炉等新型采暖方式，促进交通运输等领域的以电代油。

4. 推动区域能源供给革命

大力压减煤炭消费，推进传统能源清洁化改造。全面协调推进储能系统、综合能源服务、可再生能源的开发和利用，因地制宜发展新动能，提高可再生能源发展质量和在全社会总发电量中的比重，调整优化开发布局。补全能源基础设施短板。加快外送通道能力建设，逐步降低电力使用成本、输送成本。优化区域内能源资源开发，推动能源储备应急体系建设，共同推进与内蒙古、山西、陕西、新疆等资源富集地区和能源企业的战略合作，增强区外能源调入能力，形成多元多向保障格局。

5. 加强全方位区域合作

推进能源基础设施互联互通。统筹建设油气基础设施，完善区域油气设施布局。三地电力公司加快推进电网协同规划，推动跨省电网互联互通研究和建设，探索跨省电网"互济互保、互联互通"工作模式、创新区域合作运作机制、拓展深化三地电网合作平台，进一步优化网架结构。加快调整区域经济结构和空间结构。厘清能源发展矛盾，完善京津冀地区能源协同发展方案；有序疏解北京非首都功能，通过加快调整经济结构和空间结构、促进创新驱动发展、增强资源能源保障能力。加大技术研究和产能合作。要加快破除能源发展体制机制障碍，探索各地资源、成本、技术等方面的优势，在能源领域推动要素市场一体化，构建京津冀协同发展的体制机制。推进区域企业合作，倡导三地重点能源企业开展合作。推进区域电力市场协同发展。

6.1.3 京津冀能源转型总体目标

到2025年，京津冀能源转型取得实质性进展。在科研创新产业、能源基础设施、生态环境保护等领域基本实现一体化发展，全面建立一体化发展的体制机制。以推动煤炭清洁高效开发利用作为能源转型的立足点和首要任务，同时加快提升京津冀地区风能、太阳能等可再生能源比重，探索京津冀地区安全发展核电的可能性。

到2035年，京津冀能源转型达到较高水平。现代化电力经济体系基本建成，区域内的电力基础设施互联互通全面实现，三地能源协同发展体制机制更加完善，协同程度达到全国领先水平。电气化水平快速提升，煤炭、石油需求先后达峰，煤电装机情况基本达峰，非化石能源稳步发展，二氧化碳排放量达峰；按照"谁受益、谁付钱"的原则，三地环境协同治理体系基本建立，生态环境得到合理治理并根本好转；京津冀地区的能源利用效率快速提高，单位产值能耗水平显著下降，能源消费总量得到有效控制。

到 2050 年，京津冀能源转型质量全面提升。能源结构深度优化，非化石能源成为主导能源，区域电气化水平稳步提升，二氧化碳排放量持续下降；能源消费总量达峰，能源系统能效水平持续提高；能源供应成本持续降低，优质电力公共服务和清洁能源资源区域内共享。

6.2 京津冀电力负荷及可再生能源理论装机容量预测

加速推动地区能源转型进程，在能源供给侧寻求清洁能源替代是必然之举，其中加快开发利用以风电和光伏为代表的可再生能源资源已经成为普遍共识和一致行动。因此，本节将结合电力负荷的历史数据，预测 2025—2050 年京津冀地区电力负荷，并基于京津冀能源资源实际情况，预估该地区的可再生能源理论装机容量（即在资源条件约束之下，当地可再生能源可开发的最大装机容量），为第 6.3 节京津冀电力装机容量优化模型提供数据支撑和约束条件。预测思路框架图如图 6-1 所示。

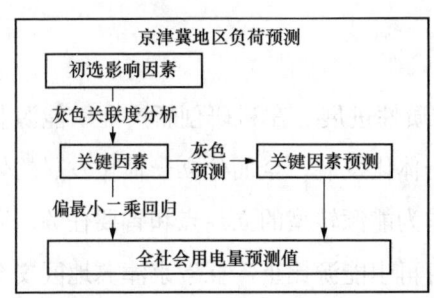

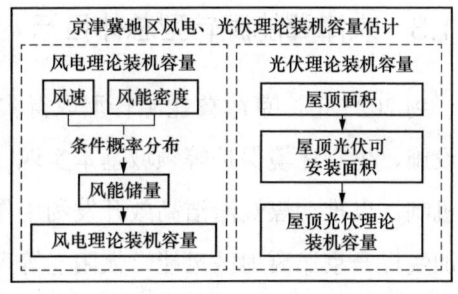

图 6-1　京津冀地区电力负荷及可再生能源装机容量预测思路框架图

6.2.1　京津冀地区负荷预测

京津冀协同发展会引起用电需求的改变，同时，影响用电需求的各个因素也会发生改变，因此，在京津冀协同发展与能源转型的背景下，京津冀地区的负荷预测不能仅依靠本身的历史数据，而应考虑各个因素对用电需求的影响。本节的预测思路为：首先，初选用电需求的影响因素，通过灰色关联度分析筛选出关键因素；然后，利用关键因素的历史数据建立偏最小二乘回归方程；最后，基于灰色预测模型预测各关键因素预测值，带入偏最小二乘回归方程进而预测 2025、2030、2050 年用电需求情况。

1. 初选影响因素

本节主要从经济因素、社会因素、技术因素、环境因素 4 个方面来说明用电需求的影响因素。具体如下：

（1）经济因素。国内生产总值 GDP（X_1）：大部分学者都将 GDP 列为影响电力需求的重要因素之一。这是因为 GDP 是衡量一个国家或地区经济发展的重要指标，而经济发展水平与电力需求是密切相关的。经济的发展驱动电力的发展从而影响电力需求。

各产业产值占比（第一产业产值占比：X_2、第二产业产值占比 X_3、第三产业产值占比 X_4）：在京津冀协同发展的背景下，积极推进产业结构的优化，京津冀地区各个产业产值占比将发生变化。由于各个产业对电力的需求不同，产业结构的改变必将引起整个地区用电需求的改变。故将各产业产值占比作为电力需求的影响因素之一。

CPI（X_5）：消费者价格指数，是一个反映居民家庭一般所购买的消费品和服务项目价格水平变动情况的宏观经济指标。

PPI（X_6）：生产价格指数，是衡量工业企业产品出厂价格变动趋势和变动程度的指数，是反映某一时期生产领域价格变动情况的重要经济指标，也是制定有关经济政策和国民经济核算的重要依据。

（2）社会因素。人口数量（X_7）：电力作为人们的必需品，满足人们每天的生活需求，因此人口数量的变化将导致电力需求变化。

城镇化率（X_8）：在京津冀协同发展的背景下，曹妃甸协同发展示范区、雄安新区中关村科技园，京津共建滨海—中关村科技园、京津合作示范区，有效推动了区域内产业转移升级。这些示范区、科技园的建立也会对城镇化造成影响，从而对电力需求产生影响。

路网密度（X_9）：交通一体化是京津冀协同发展的基础和条件，路网密度可以体现一个地区道路的密集程度。

（3）技术因素。万元 GDP 能耗（X_{10}）：这一指标是指每万元 GDP 所消耗的能源，这一比值不仅反映了整个地区的能源利用效率，而且对电力需求也会产生影响。

（4）环境因素。夏季最高气温（X_{11}）：高温条件下存在制冷需求，电力需求随着温度的升高而增加，故气温是影响电力需求的因素之一。

2. 灰色关联度分析

根据定义，灰色关联度越接近于 1，说明两数列之间的关联度越大，以此筛选出影响电力需求的关键因素。具体计算步骤如下：

（1）确定反映系统行为特征的参考数列和影响系统行为的比较数列。参考数列为京津冀地区全社会用电量；比较数列为各个影响因素。

（2）无量纲化。将数列作初始化。即用数列中的第一个数 $x_i(l)$ 与其他数 $x_i(k)$ 相除

$$x'_i = \frac{x_i(l)}{x_i(k)} \quad k=1, 2, \cdots, n; \quad i=0, 1, 2, \cdots, m \tag{6-1}$$

（3）求序列差。

$$\Delta_i = |x'_0(k) - x'_i(k)| \quad i=1, 2, \cdots, m \tag{6-2}$$

（4）计算两级最小差和最大差。

$$\min_i(\Delta_i \min) = \min_i(\min_k |x'_0(k) - x'_i(k)|) \tag{6-3}$$

$$\max_i(\Delta_i \max) = \max_i(\max_k |x'_0(k) - x'_i(k)|) \tag{6-4}$$

（5）计算关联系数。

$$\xi_i(k) = \frac{\min_i(\Delta_i \min) + \phi \max_i(\Delta_i \max)}{|x'_0(k) - x'_i(k)| + \phi \max_i(\Delta_i \max)} \tag{6-5}$$

式中：ϕ 为分辨系数，取值 [0, 1]，在此取 0.5。

（6）计算关联度。

$$r_i = \sum_{k=1}^{n} \xi_i(k)/n \quad i=1, \cdots, 2m \tag{6-6}$$

本书收集了 2000—2017 年京津冀各地区数据，利用 DPS 数据处理系统，计算各影响因素的灰色关联度，得到结果如表 6-1 所示。

表 6-1　　　　　　　各影响因素的灰色关联度分析

影响因素		北京	天津	河北
参数	名称			
X_1	GDP	0.77047	0.66832	0.75742
X_2	第一产业产值占比	0.61412	0.70349	0.56881
X_3	第二产业产值占比	0.69182	0.76219	0.59282
X_4	第三产业产值占比	0.80514	0.76401	0.5971
X_5	CPI	0.77062	0.76355	0.594
X_6	PPI	0.76269	0.7556	0.58673
X_7	人口数量	0.88794	0.78948	0.59674
X_8	城镇化率	0.78891	0.77022	0.75792
X_9	路网密度	0.86099	0.82407	0.79365
X_{10}	万元 GDP 能耗	0.58696	0.70893	0.56374
X_{11}	夏季最高气温	0.77397	0.75402	0.58515

将选取灰色关联度大于 0.75 的影响因素作为关键影响因素，具体见表 6-2～表 6-4。

表 6-2　　　　　　　北京市用电需求关键影响因素

参数	名称	参数	名称
X_1	GDP	X_7	人口数量
X_4	第三产业产值占比	X_8	城镇化率
X_5	CPI	X_9	路网密度
X_6	PPI	X_{11}	夏季最高气温

表 6-3　　　　　　　天津市用电需求关键影响因素

参数	名称	参数	名称
X_3	第二产业产值占比	X_7	人口数量
X_4	第三产业产值占比	X_8	城镇化率
X_5	CPI	X_9	路网密度
X_6	PPI	X_{11}	夏季最高温度

表 6-4　　　　　　　　　河北省用电需求关键影响因素

参数	X_1	X_8	X_9
名称	GDP	城镇化率	路网密度

与北京市和天津市（如表 6-2 和表 6-3 所示）相比，河北省用电需求的关键影响因素只有 3 个（如表 6-4 所示）。这主要是由于，灰色关联度是通过确定参考数据列和若干个比较数据列的几何形状相似程度来判断其联系是否紧密，从而反映两种因素之间的关联程度的。相对于北京和天津来说，河北省更加注重经济增长，产业结构变化不明显，与一直处于上升趋势的参考数据列（历年用电量）相比几何形状相似程度不高，所以经灰色关联度筛选后，不将各产业产值占比因素考虑为关键因素。经分析，在初选的 11 个影响因素中，GDP、城镇化率、路网密度对河北省电力需求的影响程度远远大于其他的指标且共联度处于 0.75 以上，因此本模型保留此三个影响因素作为河北省模型的关键影响因素并进行下一步分析。北京、天津的电力负荷关键影响因素筛选过程类似，不再赘述。

3. 多重共线性诊断

分别对北京、天津和河北的关键影响因素做相关性分析，得到三地用电需求与其关键影响因素的相关系数，如表 6-5～表 6-7 所示。

表 6-5　　　　　　　北京市用电需求关键影响因素相关系数

参数	X_1	X_4	X_5	X_6	X_7	X_8	X_9	X_{11}
X_1	1							
X_4	0.95	1						
X_5	0.18	0.15	1					
X_6	−0.27	−0.34	0.56	1				
X_7	0.84	0.92	0.26	−0.23	1			
X_8	0.97	0.97	0.24	−0.29	0.91	1		
X_9	0.19	0.04	0.09	0.02	0.03	0.12	1	
X_{11}	0.85	0.94	0.25	−0.3	0.95	0.91	0.02	1

表 6-6　　　　　　　天津市用电需求关键影响因素相关系数

参数	X_1	X_4	X_5	X_6	X_7	X_8	X_9	X_{11}
X_1	1							
X_4	−0.97	1						
X_5	0.2	−0.05	1					
X_6	0.09	−0.09	0.44	1				
X_7	−0.53	0.71	0.39	−0.13	1			
X_8	−0.66	0.8	0.3	−0.18	0.98	1		
X_9	0.44	0.44	−0.18	−0.05	0.26	0.33	1	
X_{11}	−0.56	0.73	0.32	−0.17	0.99	0.98	0.26	1

表 6-7　　　　　　　河北省用电需求关键影响因素相关系数

参数	X_1	X_7	X_{11}
X_1	1.00		
X_7	0.92	1.00	
X_{11}	0.93	0.91	1.00

由表 6-5 和表 6-6 可知，影响北京、天津电力需求的关键因素中，除了 CPI、PPI、夏季最高气温与其余影响因素的相关性较低之外，其余影响因素均存在显著的相关性。表 6-7 显示河北省的各影响因素也均存在显著的相关性。由此可以确定，三地各影响因素之间存在严重的多重共线性。考虑到偏最小二乘回归分析是集多元线性回归分析、主成分分析、典型相关分析于一体的一种新型分析方法，能够克服自变量之间的多重共线性，提高预测结果准确度。因此，预测模型将采用偏最小二乘回归方法，建立三地用电量与各影响因素之间的线性方程。

4. 偏最小二乘方程的确定

（1）北京。利用 SIMCA-P 软件对北京的数据进行最小二乘回归分析。得到第一主成分、第二主成分对北京电力需求的解释能力达到 0.967，已达到很高的精度。因此，北京市用电需求与 8 个影响因素的标准化偏最小二乘模型为

$$\begin{aligned}y^* =\ & 0.3239X_1^* + 0.2169X_4^* - 0.0369X_5^* + 0.0645X_6^* \\& + 0.1412X_7^* + 0.0749X_9^* + 0.2533X_{10}^* + 0.1051X_{11}^*\end{aligned} \quad (6\text{-}7)$$

按照标准化的逆过程，将偏最小二乘回归方程还原，可得

$$\begin{aligned}y=&-2331.36+0.009X_1+9.8551X_4-4.2514X_5\\&+5.6835X_6+9.2573X_7+26.751X_9+0.1812X_{10}+108.596X_{11}\end{aligned} \quad (6-8)$$

（2）天津。用 SIMCA-P 软件对天津的数据进行最小二乘回归分析。得到第一主成分、第二主成分对天津电力需求的解释能力达到 0.98，已达到很高的精度。因此，天津市用电需求与 8 个影响因素的标准化偏最小二乘模型为

$$\begin{aligned}y^*=&-0.0045X_3^*+0.084X_4^*+0.1983X_5^*-0.0278X_6^*\\&+0.2982X_7^*+0.263X_8^*-0.0048X_9^*+0.2875X_{11}^*\end{aligned} \quad (6-9)$$

按照标准化的逆过程，将偏最小二乘回归方程还原，可得

$$\begin{aligned}y=&-3774.84-0.2351X_3+3.9X_4+24.2791X_5\\&-1.252X_6+15.9475X_7+0.2541X_8-1.5328X_9+246.75X_{11}\end{aligned} \quad (6-10)$$

（3）河北。用 SIMCA-P 软件对河北的数据进行偏最小二乘回归分析。得到第一主成分、第二主成分对河北电力需求的解释能力达到 0.98，已达到很高的精度。此外得到河北省用电需求与 8 个影响因素的标准化偏最小二乘模型为

$$y^*=0.6507X_1^*+0.0873X_7^*+0.2736X_{11}^* \quad (6-11)$$

按照标准化的逆过程，将偏最小二乘回归方程还原，可得

$$y=62.3483+0.0612X_1+8.3329X_7+969.634X_{11} \quad (6-12)$$

5. 回归方程拟合效果分析

本节将利用上文建立的偏最小二乘回归方程预测 2018、2019 年京津冀的用电量，并将预测结果与实际值进行比较以验证模型预测能力（见表 6-8～表 6-10）。

表 6-8　　　　　　　偏最小二乘回归方程的检验（北京）

年份	实际值（亿 kWh）	预测值（亿 kWh）	相对误差（％）
2018	1142.38	1131.26	0.97
2019	1166.4	1140.17	2.25

表 6-9　　　　　　　偏最小二乘回归方程的检验（天津）

年份	实际值（亿 kWh）	预测值（亿 kWh）	相对误差（％）
2018	855.14	836.41	2.19
2019	878.43	875.79	0.30

表 6-10　　　　　　　　偏最小二乘回归方程的检验（河北）

年份	实际值（亿 kWh）	预测值（亿 kWh）	相对误差（%）
2018	3665.66	3551.57	3.11%
2019	3856.06	3731.14	3.24%

由表 6-8～表 6-10 可知，京津冀预测结果的相对误差均在 5%以内，说明本节建立的偏最小二乘回归方程拟合程度好，故有理由相信利用该方程预测的电力负荷结果是可靠的。

6. 预测京津冀地区电力需求

基于灰色预测模型，利用各关键影响因素的历史数据，预测 2025—2050 年的值，并将预测值带入各自的方程中得到京津冀地区电力需求预测结果，如表 6-11 所示。

表 6-11　　　　　　　　京津冀地区电力需求预测　　　　　　　　亿 kWh

年份	北京	天津	河北	京津冀
2025	1304.634	971.816	4960.11	7236.560
2030	1463.648	1071.51	5232.304	7767.462
2050	2079.777	1436.100	6003.584	9519.461

6.2.2　京津冀地区风电与光伏发电理论装机容量估算

京津冀地区的风电、光伏发电等可再生能源未来装机容量发展极大地受制于当地各类可再生能源资源发展潜力。因此，在对区域内可再生能源装机容量预测时需要考虑当地资源禀赋情况。本节对京津冀地区的风电和光伏发电的最大理论装机容量进行估算，作为京津冀地区能源转型规划预测模型中的关键约束条件。

（1）京津冀地区风电理论装机潜力估算。京津冀地区是我国风电发展的重要区域，尤其是河北省的张家口、承德坝上地区和沿海秦皇岛、唐山、沧州地区风力资源丰富，年平均风速超过 5m/s。在政策作用下，京津冀地区的风电在近些年取得了较大发展。

由于风能是气流流动产生的动能，因此，可以通过风能密度计算公式，估算气流在单位时间内垂直流过单位截面积的风能，即

$$W = \frac{1}{2}\rho v^3 \tag{6-13}$$

式中：W 为风功率；ρ 为空气密度，kg/m³；v 为风速，m/s。

风速是一个随机性很大的数据，必须通过一定时间的观测来了解它的平均情况。因此，在一段时间内的平均风能密度可能更能表示该地区的风能情况。计算公式为对风能密度公式对时间的积分后平均，如式（6-14）所示，其中 $\overline{W}$ 表示该时段平均风能密度。

$$\overline{W} = \frac{1}{T}\int_0^T \frac{1}{2}\rho v^3 \mathrm{d}t \tag{6-14}$$

对于风能转换装置而言，当风速处于启动风速和切出风速之间时，风能也即风机可以加以利用的有效风能的计算公式为

$$\overline{W_e} = \frac{1}{T}\int_{v_1}^{v_2} \frac{1}{2}\rho v^3 P'(v)\mathrm{d}v \tag{6-15}$$

式中：v_1 为启动风速；v_2 为切出风速；$P'(v)$ 为有效风速范围内风速的条件概率分布函数。

其中

$$P'(v) = \frac{P(v)}{P(v_1 \leqslant v \leqslant v_2)} = \frac{P(v)}{P(v \leqslant v_2) - P(v \leqslant v_1)}$$

该部分风能储量估算值是指离地 10m 高度层上的风能资源量，以及只考虑陆地风能。具体来说，首先在京津冀地区的平均风能密度分布图上标记出 10、25、50、100、200W/m² 等值线。考虑在 1000m² 范围内只能安装 104 台 1m² 叶片风力转换装置。对于一个面积为 S（单位为 m²）、平均风能密度为 $\overline{W}$（单位为 W/m²）的区域，其风能储量 R 为

$$R = \overline{W}S/100 \tag{6-16}$$

经过上述方法进行量取和计算之后，京津冀地区的风能储量如表 6-12 所示。经计算，京津冀地区的理论风电装机潜力约为 7794 万 kW。

表 6-12　京津冀地区风电理论装机潜力估算

风能密度等级区间（W/m²）						风电装机潜力（万 kW）
小于 10	10～25	25～50	50～100	100～200	大于 200	
—	0.5512	2.2687	2.2183	2.7561	—	7794.3

（2）光伏发电理论装机容量估算。京津冀是我国重要的负荷中心，多种能源长期依赖外送。但京津冀地区的太阳能资源较为丰富，增加太阳能资源的转换利用是缓解京津冀地区能源输入需求的重要方式。其中，在房屋顶部安装太阳能发电设备的屋顶光伏，在减少屋顶进入建筑热量的同时还可以充分利用光伏资源，减少化石能源的使用，不增加土地面积的占用。因此，本书主要通过计算京津冀地区分布式屋顶光伏装机潜力来预估京津冀地区光伏发电理论装机容量。

光伏发电理论装机与地块用地规划的光伏可利用面积有关，不同用地的屋顶可利用面积不同。各类建筑屋顶投影面积计算式为

$$f_{\text{roof}} = k_{\text{roof}} \cdot f_{\text{building}} \tag{6-17}$$

式中：f_{building} 为建筑基底面积；k_{roof} 为建筑屋顶面积。

由于需要考虑屋顶设备占用、屋顶结构和空间遮挡等因素，根据工程案例与经验值分析建筑屋顶光伏可利用系数 k_{pva}，则屋顶光伏安装面积以式（6-18）计算。进而，光伏理论装机容量可以按照式（6-19）来估算。

$$f_{\text{pva}} = k_{\text{pva}} \cdot f_{\text{roof}} \tag{6-18}$$

$$W_{\text{pva}} = f_{\text{pva}} \cdot \eta_1 \cdot 1 \, (\text{kW/m}^2) \tag{6-19}$$

式中：η_1 为光伏转换效率，工业中的典型值为 17%。

按照京津冀地区相关统计数据，城市房屋建筑用地面积、屋顶光伏可利用面积与农村屋顶建筑面积及装机潜力如表 6-13 所示。按照式（6-17）～式（6-19），可以计算得到京津冀地区光伏理论装机总容量为 23955 万 kW。

表 6-13　京津冀地区城市建设用地面积屋顶光伏可利用面积与农村屋顶建筑面积及光伏发电理论装机潜力估算

地区	城市建设用地面积（km²）	城市屋顶光伏可利用面积（km²）	农村屋顶建设面积（km²）	农村屋顶光伏可利用面积（km²）	光伏发电装机潜力（万 kW）
北京	1586	745.42	134.62	63.27	8087

续表

地区	城市建设用地面积（km²）	城市屋顶光伏可利用面积（km²）	农村屋顶建设面积（km²）	农村屋顶光伏可利用面积（km²）	光伏发电装机潜力（万kW）
天津	780	366.60	79.69	37.45	4041
河北	1257	590.79	1259.52	591.97	11828
合计	3623	1702.81	1473.83	692.69	23955

6.3 京津冀能源转型愿景

6.3.1 电力装机容量优化模型建模思路

电源规划研究在电力发展规划研究中处于核心地位，是确定电源总量、布局和结构的基础。推动电力装机结构从化石能源为主向清洁能源为主转变，是践行能源低碳转型发展路径的重要方法，而非化石能源占比也已成为衡量国家或地区能源结构低碳水平的重要指标。因此，本书将针对京津冀地区未来电力装机结构展开分析，合理设置优化模型，并将最优电力装机容量结果作为该地区2025年—2050年能源转型愿景。

本书建模思路是从减少资本投入、能源投入、二氧化碳排放量和考虑社会效应等方面，对京津冀地区未来各类能源装机情况进行预测和规划。本模型在对京津冀地区的负荷预测和可再生能源（风电和光伏）理论装机容量估计的基础之上，以新增装机总成本最低为目标，考虑新能源发展布局、电源优化组合和非化石能源发展规模，对未来京津冀的能源转型中各类能源装机容量进行了规划，在约束条件中考虑了电网运行的安全，电力电量平衡和可再生能源理论装机容量的约束情况（见图6-2）。

6.3.2 电力装机容量优化模型

电力装机容量优化模型以新增装机容量总成本最低为目标函数，以全社会用电量预测结果、可再生能源理论装机容量作为模型的约束条件。本模型采用

Cplex求解器，求解京津冀地区2025、2030年和2050年各类电源的"发展经济、环境成本最低且能保障地区电力需求、电网安全"的最优装机容量。

```
┌─────────────────────────────────────────────────────────────┐
│                  电力装机容量优化模型                         │
│ ┌─────────────────────────────────────────────────────────┐ │
│ │ 目标函数：min 新增装机总成本最低 = min（内部成本+外部成本） │ │
│ │ 内部成本 = 投资建设成本 + 燃烧成本 + 维护成本              │ │
│ │ 外部成本 = 碳排放成本 + 污染物排放成本 + 土地使用成本       │ │
│ └─────────────────────────────────────────────────────────┘ │
│ 约束条件                                                     │
│ ┌──────────────┬──────────────┬───────────────────────────┐ │
│ │ 电量需求约束  │ 电网安全约束  │ 资源禀赋约束               │ │
│ │ 总负荷预测 ≤  │ 火电机组装机备用│ 风电装机总容量≤风电理论装机容量│ │
│ │（装机容量×发电利│ 容量 ≥ 可再生  │ 光伏装机总容量≤光伏理论装机容量│ │
│ │ 用小时数）+外受电│ 源装机 × 比例  │                          │ │
│ └──────────────┴──────────────┴───────────────────────────┘ │
└─────────────────────────────────────────────────────────────┘
```

图6-2　京津冀电力装机容量优化模型建模思路框架图

1. 模型假设

由于建立电源结构模型通常涉及大量因素，考虑数据的可获性，本节将采用部分假设来简化模型：①暂不考虑储能设备，这是因为储能设备在近期和中期的技术不够成熟，建设成本较高，暂不具备大规模入网的能力。②只考虑燃煤和燃气机组发电过程中的碳排放。③不考虑淘汰落后产能的情况。由于空气污染的原因，近些年，国家出台了一系列火电关停政策，但由于国家政策无法预测，因此不考虑此因素。④京津冀地区水能资源稀缺，少量的水电装机主要为用作电网调峰的抽水蓄能电站，长远看，水电装机大幅增加的可能性不大。因此，模型中的可再生能源为非水可再生资源，即风电和光伏发电。

2. 目标函数

模型的规划目标是通过优化能源投资经济成本、二氧化碳排放量等，使区域电力系统的能源利用效率达到最优。电源新增装机总成本分为内部成本和外部成本两部分。其中，内部成本包括新增装机的投资建设成本、发电燃料成本以及机组维护成本；外部成本包括碳交易成本、废气排放成本及土地使用成本。

3. 约束条件

（1）电量需求总量约束。电源的基本要求是要能够满足当年的全社会用电量需求，保证居民生活和经济发展。但由于各种原因导致京津冀地区（尤其是北京市）外受电比例较高，因此在电源规划建设过程中需要考虑外受电比例的情况。

（2）资源禀赋约束。由于可再生能源实际装机容量受限于当地的资源条件，因此模型中每年的存量可再生能源装机和新增可再生能源装机容量总量不应超过该地区的理论装机容量。另外，虽然京津冀地区的天然气使用比例不断增加，但受制于天然气供应量限制，北京、天津和河北均经常出现气源短缺情况，且近中期主要依赖于进口，因此在模型约束中需要考虑天然气的进口约束。

（3）电网运行安全约束。电力系统运行安全是能源转型的前提，需要在模型中将化石能源机组可作为系统内的主要可调机组，改为风电、光伏等有波动性的可再生能源大量接入电网后提供一定比例的备用容量，以保障电网稳定运行。

4. 参数设置

（1）内部成本参数。内部成本包括由新增投资建设各类发电设备所带来的投资成本、运行发电设备的燃料成本以及机组维护成本。2020年各类电源内部成本预测数据如表6-14所示。随着未来相关技术的进步，各类机组发电成本会发生不同程度的变化。2025、2030、2050年各类电源内部成本预测数据如表6-15～表6-17所列。

表6-14　　　　2020年各类电源内部成本的预测数据　　　　元/kWh

电源类型	投资成本	燃料成本	维护成本	总成本
煤电	0.0587	0.1011	0.0571	0.2169
气电	0.211	0.25	0.1036	0.5646
风电	0.3095	0	0.4506	0.7601
光伏发电	0.2984	0	0.6517	0.9501

表6-15　　　　2025年各类电源内部成本的预测数据　　　　元/kWh

电源类型	投资成本	燃料成本	维护成本	总成本
煤电	0.0587	0.10615	0.0571	0.22195
气电	0.2743	0.175	0.09842	0.54772
风电	0.2476	0	0.38301	0.63061
光伏发电	0.20888	0	0.553945	0.762825

表 6-16　　　　　　2030 年各类电源内部成本的预测数据　　　　　　元/kWh

电源类型	投资成本	燃料成本	维护成本	总成本
煤电	0.0587	0.11121	0.0571	0.22701
气电	0.30595	0.20125	0.09324	0.60044
风电	0.1857	0	0.33795	0.52365
光伏发电	0.1492	0	0.39102	0.54022

表 6-17　　　　　　2050 年各类电源内部成本的预测数据　　　　　　元/kWh

电源类型	投资成本	燃料成本	维护成本	总成本
煤电	0.0587	0.12132	0.0571	0.23712
气电	0.3376	0.3	0.08288	0.72048
风电	0.15475	0	0.31542	0.47017
光伏发电	0.05968	0	0.162925	0.222605

关于可再生能源新增装机的内部成本，Energytrend 的报告指出，未来光伏成本将大幅度下降。在此假设，在 2020 年的基础上，2025 年光伏投资建设成本下降 30%，维护成本下降 20%；2030 年投资成本下降 50%，维护成本下降 40%；2050 年投资建设成本下降 80%，维护成本下降 75%。随着未来新技术的不断发展，各类软硬件设备的优化，风电机组成本也会进一步降低。在此假设，在 2020 年的基础上，2025 年风电投资成本下降 20%，维护成本下降 15%；2030 年风电投资成本下降 40%，维护成本下降 25%；2050 年投资成本下降 50%，维护成本下降 30%。

关于煤电机组新增装机的内部成本，由于当前煤电机组的相关技术已较为成熟，未来投资建设成本和维护成本不会发生较大变化，但煤炭资源会随着资源日益短缺，煤炭价格有一定程度可能上涨。假设 2025 年煤炭价格上涨 5%，2030 年上升 10%，2050 年上升 20%。

关于气电机组新增装机的内部成本，预计未来投资建设成本会有所下降。在此假设，在 2020 年的基础上，2025 年燃气机组投资建设成本下降 10%，维护成本下降 5%；2030 年燃气机组投资建设成本下降 15%，维护成本下降 10%；2050 年投资成本下降 20%，维护成本下降 20%。国内天然气销售定价方式长期采用国家规定的"以目录基准门站价格为基础,上浮10%、下浮不限"的市场化定价方式,其中基准价格由国家发展改革委在一定周期后进行调整,具体价格由供需双方协商确定。2020年3月国家发展改革委发布的《中央定价目录》,明确将来满足竞争条件的省份"可按市场形势形成天然气门站价格"。由此可看到,在近中期内天然气价格机制仍然按照现行机制执行,并逐渐放开市场化天然气价格机制,由市场决定天然气价格。从统计数据看到,2020年以来国内天然气价格走低,受到寒潮影响、疫情和海外市场波动影响,气价波动幅度较大,国内不少地区基于供需情况上调基准门站价格。经统计,我国2021年液化天然气价格较2020年上升约18%,整体价格趋势上升明显。以采用市场化天然气价格的美国为例,Energy Intelligence 杂志对美国天然气2020年平准化度电价格统计约为3.7美分/kWh(约0.2588元/kWh),预计到2050年预测天然气成本为6.4美分/kWh(约0.4477元/kWh)。基于此,我们预计到2025年,天然气的价格较2020年上升30%,到2030年天然气价格上升45%,到2050年价格上升60%。

从成本预测数据中可以看出,2025年建设成本最高的是光伏机组,其次为风电机组和气电机组。但是,自2030年起,光伏机组的总建设成本与风电机组总建设成本相近,到2050年光伏机组总建设成本仅为气电机组的1/3,并且低于燃煤机组。

根据国网北京市电力公司统计数据,北京地区2018年外受电力为1598.5万kW,占比67.85%。天津电网的外受电比例约为25%~30%,河北南网的外受电比例约为20%~25%。考虑未来能源需求增加,未来外购电比例略上升,在模型中设置北京地区外受电比例为70%,天津地区外受电比例为35%,河北地区外受电比例为25%。

(2)外部成本参数。外部成本中包括燃煤燃气机组的碳交易成本、废气排放成本以及土地使用成本。表6-18列出北京、天津和河北的碳交易成本数据,并对未来碳交易价格做合理预测。本模型考虑燃煤机组污染气体排放的情况,具体排放价格如表6-19所示,以约束燃煤机组的建设和运行。另外,本模型中在外部成本中设置了土地使用机会成本,以引导三省市在能源投资方面的协同和分工,详细数据如表 6-20 所示。具体来说,北京的土地使用成本较高,河北的土地使用成本较低,所以如果将京津冀地区作为整体进行规划,更多的发电设备将规划安排在成本较低的地区,由此也可以体现出京津冀地区协同一体化发展的经济性。表 6-21 列出了各类能源机组单位发电量的土地占用情况。

表 6-18　　　　　　　　京津冀地区碳交易成本　　　　　　　　　　元/t

年份	北京	天津	河北
2020	70	50	30
2025	140	100	60
2030	200	140	85
2050	300	210	127.5

表 6-19　　　　　　2020 年各类能源环境污染物价值　　　　　　元/kWh

电源类型	二氧化硫环境成本	氮氧化物环境成本	粉尘环境成本
煤电	0.0903	0.0319	0.1172
气电	0	0	0
风电	0	0	0
光伏发电	0	0	0

表 6-20　　　　　　　　京津冀地区土地机会成本　　　　　　　　元/m²

年份	北京	天津	河北
2025	3711.24	1498.33	809.73
2030	3896.80	1573.25	825.92
2050	4824.61	1797.99	890.70

表 6-21　　　　　　　各类发电能源土地使用情况　　　　　　　m²/kWh

煤电	气电	风电	光伏发电
0.00039	0.00057	0.00029	0.00036

6.3.3　电力装机容量优化结果

经电力装机容量优化模型计算,相较于 2018 年装机情况,到 2025 年京津冀地区各类能源预计新增装机容量如表 6-22 所示，预计总装机容量如表 6-23 所示。表 6-22 的数据显示，2018—2025 年装机容量增长最快的是光伏机组，其次是风电机组。截至 2025 年，京津冀地区非水可再生能源装机容量占该地区总装机容量的 43.08%。

表 6-22　京津冀地区 2018—2025 年各类能源预计新增装机容量　　　万 kWh

电源类型	北京	天津	河北	京津冀
煤电	0	41	169	210
气电	7	79	468	554
风电	47	168	834	1049
光伏发电	93	382	1899	2374

表 6-23　京津冀地区 2025 年各类能源预计总装机容量　　　万 kWh

电源类型	北京	天津	河北	京津冀
煤电	33	1091	4477	5601
气电	954	382.52	477.8	1814.32
风电	72	236	1702	2010
光伏发电	112	411	3080	3603

以 2025 年装机情况为基准，京津冀地区 2025—2030 年各类能源预计新增装机容量如表 6-24 所示，2030 年京津冀地区各类能源预计总装机容量如表 6-25 所示。计算结果显示，京津冀地区煤电装机容量到 2030 年达峰，达峰后煤电装机占比为 34.42%，气电机组占比约为 13.34%，火电机组总装机占比为 47.76%。到 2030 年，京津冀地区非水可再生能源装机容量占该地区总装机容量的 52.23%。

表 6-24　京津冀地区 2025—2030 年各类能源预计新增装机容量　　　万 kWh

电源类型	北京	天津	河北	京津冀
煤电	0	0	34	36
气电	17	57	296	370
风电	84	157	561	802
光伏发电	145	408	1584	2137

表 6-25　　　京津冀地区 2030 年各类能源预计总装机容量　　　万 kWh

电源类型	北京	天津	河北	京津冀
煤电	33	1091	4511	5635
气电	971	439.52	773.8	2184.32
风电	156	393	2263	2812
光伏发电	257	819	4664	5740

以 2030 年装机情况为基准，2030—2050 年京津冀地区各类能源预计新增装机容量如表 6-26 所示，2050 年京津冀地区各类能源预计总装机容量如表 6-27 所示。计算结果显示，预计到 2050 年，京津冀地区非水可再生能源装机容量占该地区总装机容量提高至 63.67%。

表 6-26　　　京津冀地区 2030—2050 年各类能源预计新增装机容量　　　万 kWh

电源类型	北京	天津	河北	京津冀
煤电	0	0	0	0
气电	41	131	233	405
风电	155	621	1801	2577
光伏发电	524	414	2347	3285

表 6-27　　　京津冀地区 2050 年各类能源预计总装机容量　　　万 kWh

电源类型	北京	天津	河北	京津冀
煤电	33	1091	4511	5635
气电	1012	570.52	1006.8	2589.32
风电	311	1014	4064	5389
光伏发电	781	1233	7011	9025

6.4　京津冀能源转型的制约因素分析

6.4.1　空间国土规划制约

近年来，随着风电和光伏发电装机容量的快速增长，风电光伏产业对土地资源的需求越来越大。政府相关文件中明确规定，风电和光伏发电装机应优先选择荒山、荒滩、荒漠等难以利用以及不适宜农业、生态、工业开发的土地，不占用、尽量不占用或少占用土地。

以风电场发展为例。风能资源条件及风能质量是风电场建设选址的主要考虑因素。京津冀地区的风资源主要分布在河北省的张家口、承德等地，这些地区已成为京津冀地区风电装机的增长极。但国家发展改革委2005年颁布的《风电场工程建设用地和环境保护管理暂行办法》（发改能源〔2005〕1511号）明确规定，风电场工程建设用地应尽量使用未利用土地，少占或不占耕地，并尽量避开需要保护的区域，如基本农田、生态红线和林地红线等区域。京津冀各地颁布的风电场规划方案对风电场的建设场地也规定，应优先采用风能资源好、具备土地条件、电网接入和消纳条件符合要求的规划项目，需要对项目用地的土地属性进行审核，若不符合国家环保要求和生态保护要求，风电场的建设将受到较大限制。

京津冀地区及各地土地覆盖类型占比情况如图6-3所示。

(a) 京津冀地区土地覆盖类型占比情况

- 未利用地 0.46%
- 水域 2.04%
- 园地 0.57%
- 灌木林 16.23%
- 草地 1.92%
- 建设用地 13.71%
- 林地 27.29%
- 农业种植用地 37.78%

(b) 北京市土地覆盖类型占比情况

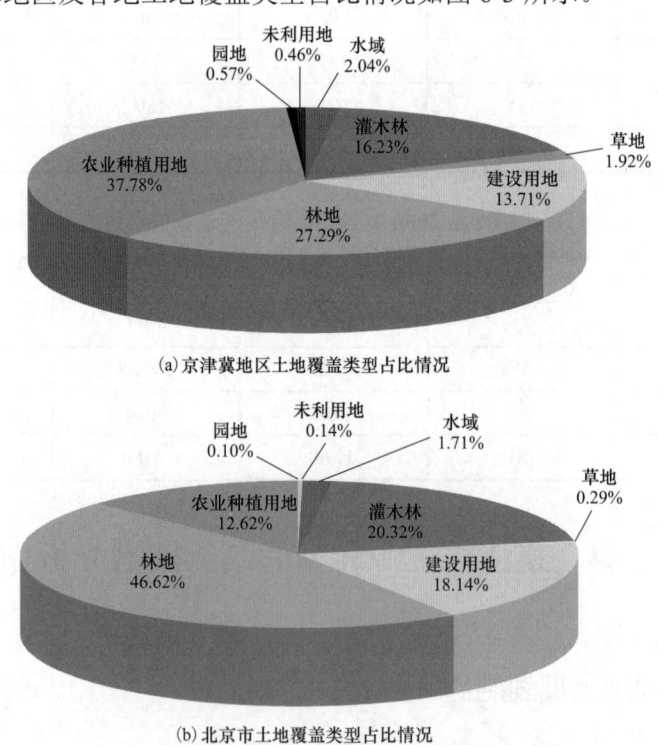

- 未利用地 0.14%
- 水域 1.71%
- 园地 0.10%
- 灌木林 20.32%
- 草地 0.29%
- 建设用地 18.14%
- 农业种植用地 12.62%
- 林地 46.62%

图6-3　京津冀地区及各地土地覆盖类型占比情况（一）

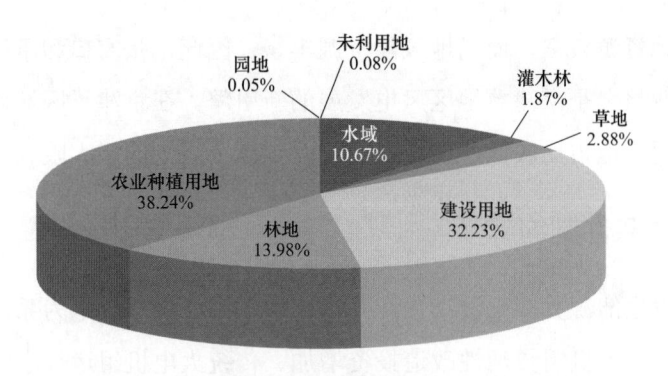

(c) 天津市土地覆盖类型占比情况

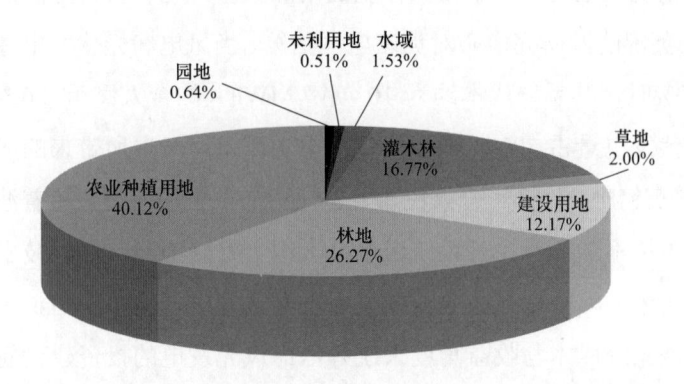

(d) 河北省土地覆盖类型占比情况

图 6-3 京津冀地区及各地土地覆盖类型占比情况（二）

据 2019 年数据显示，京津冀地区包含农业种植用地、园地、林地、灌木林、草地、建设用地、水域和未利用地八大类型。其中林地占比 27.29%，灌木林占比 16.23%，水域 2.04%，农业种植用地 37.78%，未利用地占比 0.46%，建筑用地占比 13.71%。在被划分为我国第Ⅱ类风电资源区的河北省张家口和承德地区，张家口市农业用地占比 67.87%、建设用地占比 4.52%、未利用土地占27.61%[1]，承德市农业用地占比 76.81%、建设用地占比 2.32%、未利用土地占比 20.87%[2]。从数据看到，相较于京津冀地区的平均情况，张家口市和承德市

---

[1] 数据来源：土地资源. 张家口市自然资源和规划局. http://zrgh.zjk.gov.cn/default.aspx?path=doc/4dad7ff0-0b6e-4528-a93f-73bddbf49ee9. 2020.03.25。

[2] 数据来源：承德市土地利用情况. 承德市自然资源和规划局. http://zrgh.chengde.gov.cn/art/2010/1/12art_1029_97808.html.2010.01.12。

未利用的土地资源较多，而当地风能资源丰富，因此，张家口和承德地区的风电及配套产业将会是京津冀地区风电发展的新引擎。在京津冀区域内的其他省市中，未利用土地占比较低，风电发展将受到国土规划的极大限制。

6.4.2 技术条件制约

由于可再生能源具有强波动性，其占比增加则必然导致电力系统中备用电源容量增加、煤电机组灵活性改造投资增加、传统火电机组运行小时数降低，从而为电力系统稳定运行带来较大体量的附加成本，也即可再生能源的"系统成本"。根据英国能源研究中心对英国电网估算，当风电和光伏发电量占比为系统总量的30%时，其系统成本约为10英镑/MWh（约合人民币8.6分/kWh）。若风电和光伏发电量占50%，那么仅备用电源需求这一项所带来的成本就会大幅攀升至45英镑/MWh（约合人民币0.39元/kWh）。概言之，随着波动性可再生能源发电占比不断提升，其系统成本会大幅上升。因此，尽管技术成本和度电成本近些年来大幅降低，激励我国风电与光伏发电规模不断增长。但从长远来看，需要从系统成本与收益角度来统筹考虑风光发电的投资建设问题。另一方面，进行煤电机组的技术改造还存在较大的技术水平制约，例如不成熟的火电机组功能性调整技术将带来巨大的资产闲置或损失，导致风电和光伏的实际消纳依然困难；煤炭清洁利用技术、碳捕集技术等尚不成熟，燃煤电厂在燃烧前、燃烧后、富集燃烧等各种情况下二氧化碳的捕集线路仍存在缺失等。

此外，随着京津冀地区清洁取暖、煤改气的推进，京津地区气电装机容量呈快速上升趋势，形成了北京四大热电中心等一批负责冬季供暖的燃气热电联产机组，装机容量在全国占比约15%。但是，京津冀地区三省市天然气发电受到多重制约：①气电发电成本偏高，鉴于国内资源条件和受海外市场、疫情影响，气电价格在短期内难以大幅下降；②京津冀地区天然气利用政策优先保障民用，因此天然气发电虽然为稳定发电的清洁能源，但在京津冀地区发展前景不大。

6.4.3 生态环保制约

可再生能源开发建设和运营过程对当地生态环境的影响一直受到社会各

界的广泛关注。部分研究认为，风电开发会引发生物多样性及生态系统服务功能的转变，包括气候、土壤和生物集群及其栖息格局等。研究发现，风电场建设会降低场内植被生长指数及土壤肥力，对降雨量、蒸发量等气象因子产生负面影响。海上风电建设会对海洋底栖生物、鸟类数量、栖息迁徙等生物多样性产生影响。此外，光伏电站在生产运行、退出报废等阶段对生态环境也会产生影响，大规模开发风电、光伏等可再生能源将会影响北方部分地区的生态环境。

为此，2021年国家能源局发布通知，明确要求大型风电光伏基地建设项目进行环保审核，切实保护有重要生态功能的区域，并将生物多样性评估作为风电和光伏基地建设项目重要指标。因此，可以预期可再生能源基地的选址和建设等环节的审批和评估过程将会更加严格，对当地生态影响较为严重的项目甚至可能会被强制拆除。

6.4.4 体制机制制约

随着可再生能源发展规模的不断扩大，可再生能源发展与既有电力体系之间的利益冲突逐步增大。既有电力体系对可再生能源发展的制约作用日益突出。一方面，电力系统对灵活性资源需求不断上升，需要利用有效的电力市场机制，对灵活性、韧性资源进行市场化定价，以激励这些资源为电力系统提供灵活性，促进可再生能源的消纳。但当前的电力市场设计无法对灵活性、韧性资源提供合理的经济激励。

2015年3月以来，京津冀地区电力市场化改革不断推进。2016年3月"华北区域电网"成为输配电价改革的试点范围。输配电价改革将核定三省的统一输配电价，而不再单独核定一个省区的输配电价，这为华北区域电力市场建设，为资源在更大范围内流动打下了良好基础。但是，目前京津冀区域的能源转型问题在于过于依赖政策驱动，转型的宏观和微观动力整体不足。尽管政策能够在能源转型过程中，尤其是能源转型初期，可以起到很大作用，但长期来看，政策无法成为核心推动力量。电力市场体制机制不成熟是制约京津冀能源转型的重要因素。

6.4.5 能源安全保障要求制约

能源安全已经成为世界性问题，其不仅体现在总量上，也体现在能源结构上。京津冀地区各类资源对外依存度较高，区域内油气资源不能有效地支撑经济发展，电力资源也需要外送。随着可再生能源发电占比的提升以及电气化水平的提高，资源匮乏区对外来资源的依存度也居高不下。而且对于京津冀地区而言，政治保电工作严峻并紧急，保障京津冀区域的能源供应，在区域能源转型过程中确保区域用电、用能安全是未来很长一段时间需要考虑的问题。因此，从短期来看，能源转型和能源安全目标间存在一定差异，能源转型过程中保障能源安全也呈现出复杂性和多元性。

6.5 小　　结

本章在对京津冀地区的负荷预测和可再生能源资源理论发电装机容量估计的基础上，以新增装机总成本最低为目标，考虑新能源发展布局、电源优化组合和非化石能源发展规模，对未来京津冀的能源转型中各类能源装机容量进行了预测，在约束条件中考虑了电网运行的安全，电力电量平衡和理论装机容量的约束。经预测，京津冀能源转型至2025年有实质性进展，非水可再生能源装机占比达到43.08%；至2035年达到较高水平，非水可再生能源装机占比提高至52.23%；至2050年质量全面提高，非水可再生能源装机占比提高至63.67%。研究认为，要实现本研究所预测的各类电源装机量，目前还存在着空间国土规划、技术发展水平、生态环保、体制机制以及能源安全等制约因素。

7 能源转型与京津冀电力系统灵活性

本章首先从电力保障、供电可靠性和电力系统灵活性三个方面，分析能源转型给电力系统带来的挑战；然后，从电源侧、电网侧、用户侧和储能四个维度，分析电力系统灵活性资源特性以及京津冀电网灵活性资源现状；最后，进一步分析体制机制对京津冀电力系统灵活性的影响。

7.1 能源转型给电力系统带来的挑战

能源转型给电力系统带来的挑战主要体现在电力保障、供电可靠性及电力系统灵活性三个方面。

7.1.1 电力保障方面

近年来，在《巴黎协定》框架下，全球大力削减煤炭消费，多国陆续列出煤电退出时间表。我国的煤电规模长期稳居世界第一，面临着很大的控煤压力。煤电退出首先要考虑到的是电力保障问题，如何在大体量煤电机组基荷电源退出的同时，保障日益增长的电力负荷需求，对电网规划和电力系统调度都提出了极高的要求。

北京电网约70%电力供应依靠周边电网，未来外受电力规模还将持续加大。受环境保护、去产能等政策影响，送端山西、蒙西等地区机组增长缓慢；配电网基础设施薄弱，难以满足分布式、微电网、储能等交互性终端设施大量接入需求，需要大力推进能源互联网建设，提升电网灵活性、适应性，推动多种能源互联互通、互济互动，以清洁和绿色方式保障电力充足供应。

7.1.2 供电可靠性方面

供电可靠性是电网企业向用户提供不间断优质电能的能力,体现在供电充裕度和供电安全性两个方面。充裕度代表系统是否有足够的能力可以产生满足负荷需求的电量,以及输配电系统是否可以将优质电能连续供应给负荷点;安全性代表系统在发生故障情况下能否保持稳定运行和正常供电的能力。可再生能源发展速度不断提高,规模的不断增加,高比例可再生能源电力系统正在成为现实,然而可再生能源固有的波动性给电网可靠性带来了巨大的挑战。

京津冀能源转型持续推进,呈现清洁低碳、安全高效的发展趋势。预计2025年和2030年,京津冀地区非水可再生能源装机容量分别占该地区总装机容量的43.08%和52.23%。高渗透率新能源并网带来配电网电压越限、潮流过载等问题。京津冀电网进入特高压和交直流混网新时代,电网结构更加复杂,安全稳定的影响因素增多,给京津冀电网供电可靠性带来了挑战。

7.1.3 电力系统灵活性方面

根据国际能源署的定义,电力系统灵活性是指在一定经济运行条件下,电力系统对供应或负荷大幅波动做出快速响应的能力。根据北美电力可靠性委员会的定义,电力系统灵活性是指利用系统资源满足负荷变化的能力。通俗地讲,电力系统灵活性可以理解为当电力供应小于需求时,电力系统可以向上调节;当电力供应大于需求时,电力系统可以向下调节的能力。向上调节可通过向系统提供额外的功率、增加发电机组出力或削减负荷实现;向下调节通过削减系统中多余的功率,削减发电机组出力或增加负荷实现。

传统以煤电为主的电力系统中,新能源比例较低且负荷特性相对稳定,源、荷两端供需不确定性和波动性较低,依靠增加可控电源装机的方式能够保障电力系统供需平衡和安全稳定运行。但随着集中式和分布式新能源大规模并网,源、荷两端呈现高度不确定性,电力系统的供电安全与稳定运行机制趋于复杂,高比例新能源电力系统整体特征发生巨大改变。系统安全、可靠运行需要充分调动电力系统各类资源的灵活性，才能保证系统在供给或需求发生变动时及时做出反应。

7.2 电力系统灵活性资源特性

电力系统灵活性资源是指能够增加电力系统柔性、弹性和灵活性，服务于电力系统动态供需平衡，广泛存在于电力系统源（电源侧）—网（电网侧）—荷（用户侧）—储（储能侧）各个环节的资源。

7.2.1 电源侧灵活性资源及其特性

电源侧灵活性资源包括可控的传统电源（火电、水电）和相对可控可调度的可再生能源（光热、生物质、地热等）等。可控的传统电源装机容量大、输出稳定，但调节能力较弱、启动时间较长，灵活性调节能力有限。其中，火电又分为燃煤、燃气和燃油机组。燃煤机组通过热电解耦、低压稳燃等技术改造，最小稳定出力可以降至 20%～30%的额定容量。燃气机组供电效率高、启停时间短、响应速度快，且具有占地面积小、用水量少、更环保等优势，因此成为首选的调峰电源。燃油机组具有启动迅速、调峰性能好、效率高、排放污染小等优点，缺点是发电成本较高。按水库调节性能，水电站可分为多年调节水电站、年调节水电站、季调节水电站、周调节水电站、日调节水电站和无调节能力的径流式水电站等。具有调节能力的水电站具有开停机迅速、功率调节快等特点，在电力系统中起着调频、调峰和备用的作用。

7.2.2 电网侧灵活性资源及其特性

电网侧的灵活性资源包括互联互济、灵活交流输电系统和微电网等。其中，互联互济是指利用各地区用电的非同时性进行负荷调整,平衡较大区域的供需；灵活交流输电系统（flexible AC transmission system，FACTS），也称为柔性交流输电系统，是指以电力电子技术和控制技术为基础，对交流输电系统的阻抗、电压、相位、功率等实现灵活快速调节，对系统的有功、无功潮流进行灵活控制，以增大电力传输能力的交流输电系统；微电网是指以分布式电源为主，利用储能和控制装置进行实时调节，实现网络内部电力电量平衡的小型供电网络。微电网是一个可以自治的单元，可根据电力系统或微电网自身的需要实现孤岛模式与并网模式间的无缝转换，有利于提高电力系统的可靠性、电能质量以及灵活性。微电网并网运行时，可以作为大小可变的智能负荷，能在数秒内做出响应以满足系统需要，为电力系统提供灵活性支撑。

7.2.3 用户侧灵活性资源及其特性

用户侧灵活性资源主要有负荷需求响应（demand response，DR）。负荷需求响应是指电力用户在价格或激励机制引导下，改变用电行为，暂时减少或增加用电，从而促进电力供需平衡和电力系统稳定运行。需求响应从驱动方式上，可分为价格型响应和激励型响应；从响应时段上，可分为削峰响应和填谷需求响应；从响应速度上，可分为日前响应和实时响应。价格型需求响应是指用户对零售电价的变化进行响应，调整用电需求行为，平抑负荷峰谷差，平滑负荷曲线。但这种需求响应不能调用需求侧资源，没有直接约束力，响应效果不确定性较高。因此，一般主要针对不可调度负荷，如居民负荷。而激励型需求响应，是指用户与需求响应实施机构签订合同，明确规定用户履行合同，允许其需求侧资源被调用，实时参与电力灵活性调节的补偿标准，以及不能履行合同，不进行需求响应的惩罚措施。

7.2.4 储能侧灵活性资源

储能技术作为一种新型技术，在负荷低谷时存储电量，在高峰时释放电量，通过供需时间上的平移提供灵活性。现有储能技术主要包括：抽水蓄能、电池储能、飞轮储能、压缩空气储能等，其中抽水蓄能将负荷低谷期多余的电能转变为高峰期高价值的电量，不仅适用于调频、调相、稳定电力系统频率和电压，而且适宜作为事故备用，是当前电力系统主要的灵活性资源。电池储能配置灵活，响应速度快且不受外部条件限制，但使用寿命有限，成本较高；飞轮储能具有功率密度高、能量转换效率高、使用寿命长、环境友好等优点，缺点是储能能量密度低、自放电率较高；压缩空气储能技术和抽水蓄能技术都受到环境和材料等外部条件制约。

7.3 京津冀电力系统灵活性资源现状

截至 2021 年年底，京津冀电力总装机容量超过 2.0 亿 kW，可再生能源装机占比达到 37.0%，其中水电装机容量为 290 万 kW，火电装机容量为 12797 万 kW，风电装机容量为 4136 万 kW，太阳能光伏发电装机容量为 3330 万 kW。2021 年京津冀地区总发电量达到 4322 亿 kWh，可再生能源发电量占比约为 22.9%，其中风电发电量占比约为 12.3%，太阳能光伏发电量占比为 7.1%。

7.3.1 电源侧灵活性资源情况

在京津冀地区，火电、抽水蓄能以及生物质发电都被视为是可控电源。截至 2021 年年底，京津冀可调度电源装机容量超过 13000 万 kW，占总装机的 62.4%，其中水电占比较少，除抽水蓄能电站外，水电还包含一定规模的农灌、调水电站，调节能力有限，煤电和气电是京津冀地区主要的调节电源。

1. 火电机组资源情况

截至 2021 年年底，京津冀地域内火电装机容量超过 8000 万 kW，其中，燃煤机组装机容量为 6071.3 万 kW，占总火电装机容量的 75.6%，燃气机组 1656.3 万 kW，占火电装机的 20.6%，燃油机组 39.9 万 kW，占火电装机的 0.5%，余热余压机组 209.1 万 kW，占火电装机的 2.6%，生物质机组 50.9 万 kW，占火电装机的 0.6%。分地区来看，北京火电总装机容量约为 1099.9 万 kW，以燃气机组为主，燃气机组占比超过 91%；天津火电总装机容量为 1843.1 万 kW，以燃煤机组为主，燃煤机组占比约为 66.4%，并且还拥有 564.5 万 kW 的燃气机组；河北火电总装机容量为 5084.5 万 kW，同样以燃煤机组为主，燃煤机组占比超过 93%，并且拥有一定数量的自备电厂余热余压机组。虽然京津冀地区拥有数目庞大的火电装机，但是为了保障冬季供暖需要，京津冀地区火电机组中拥有相当大比例的热电联产机组，占火电机组装机比例超过 75%，加之余热余压自备电厂基本不参与系统调节,这都极大地影响了火电机组灵活性的释放。截至2021年年底京津冀地区各类电源火电装机容量如表7-1所示。

表7-1　　　截至2021年年底京津冀地区各类电源火电装机容量　　　万kW

电源类型	北京	天津	河北	合计
燃煤	77	1224.5	4769.8	6071.3
燃气	1000.2	564.5	91.6	1656.3
燃油	21.9	18	0	39.9
余热余压	0.8	32.3	176	209.1
生物质	—	3.8	47.1	50.9
合计	1099.9	1843.1	5084.5	8027.5

资料来源:华北电网内部资料

2. 火电机组灵活性参数分析

京津冀地区以煤电机组为主,通过关停小机组、"上大压小"等举措,目前拥有的燃煤机组大多为30万kW以上的新型机组,最小稳定出力通常设定为50%的额定容量,但部分地区最新运行经验表明大多数60万kW及其以下机组的最小稳定出力在不增加任何改造投入的情况下,可以达到额定容量的40%左右。2021年年底,京津唐电网50%以下深度调峰能力从2020年年底的388万kW增至649.1万kW,增速为67.3%;具备深度调峰能力的机组从2020年年底的63台增至112台,增速为77.8%。其中,新增2台机组具备20%以下调峰能力,最低可将出力降至15%(见图7-1)。京津冀地区燃煤机组每分钟的爬坡速度一般为额定容量的1%~2%,部分新机组每分钟的爬坡速度可以达到3%~6%,但仍低于燃气发电机组。启动时间是燃煤机组另一重要的灵活性参数,京津冀地区燃煤机组的热启动一般在3~5h,冷启动时间达到72h。

3. CHP机组供暖季灵活性分析

京津冀冬季供暖一般从当年11月到次年3月,为保障冬季采暖需要,京津冀地区CHP机组在冬季一般按"以热定电"原则运行,这就使得发电受热负荷制约,调节能力大幅降低,给电网加大了平峰填谷的难度。2020年和2021年京津唐电网具备深度调峰能力的机组数量对比如图7-2所示。

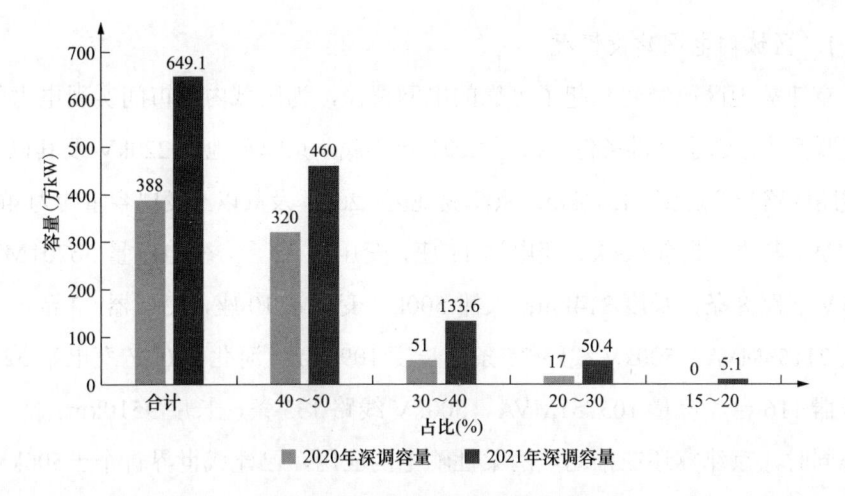

图 7-1 2020 年和 2021 年京津唐电网深度调峰能力对比

资料来源：华北电网内部资料

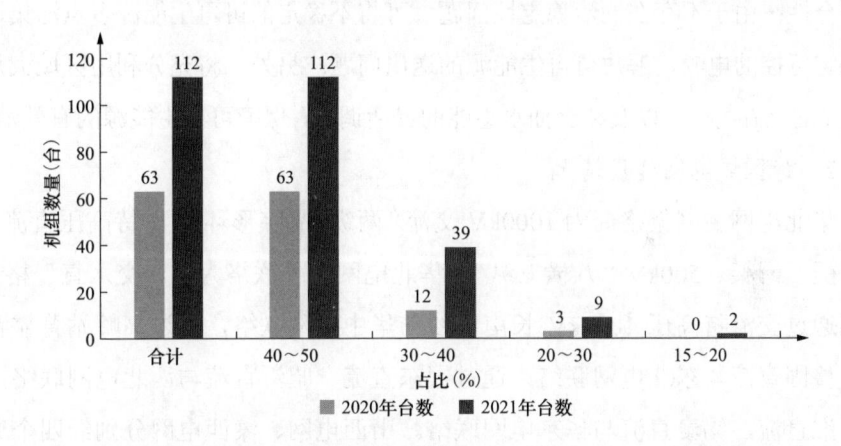

图 7-2 2020 年和 2021 年京津唐电网具备深度调峰能力的机组数量对比

资料来源：华北电网内部资料

7.3.2 电网侧灵活性资源情况

伴随电网的不断发展，2021 年北京、天津电网供电可靠率均超过 99.9%，位居全国前列，冀北、河北电网供电可靠率处于全国平均水平，距离国际公认的电网供电高可靠性还有一定距离。为了消纳快速增长的可再生能源发电，京津冀调峰等电力辅助服务补偿费用不断增加，2021 年达 3.63 亿元。

1. 区域内电网建设情况

京津冀地区已经建立起了可靠的电网覆盖，为区域内省市间实现电力的灵活互联互济创造了基础条件。截至2021年年底，京津冀地区220kV及其以上输电线路回路长度达到51576km；京津冀地区220kV及其以上变电容量约为46436万kVA。其中，北京500kV变电站11座，变压器32台，变电容量36201MVA。500kV线路8条，长度314km；天津500kV变电站10座，变压器22台，变电容量21153MVA，500kV线路35条，长度1094km；河北500kV变电站52座，变压器116台，容量103751MVA。500kV线路135条，长度9510km。

同时，京津冀还在推动电网柔性输电的应用，已建成世界首个±500kV四端柔性直流电网，具备450万kW的输电能力。柔性直流通过对有功、无功的独立控制，可增强对无功电压的支撑，能显著提升张家口大规模可再生能源并网的安全性；由于不存在同步稳定性问题，可将不稳定的可再生能源多点汇集，形成稳定可控的电源，解决可再生能源的送出问题；另外，将充分利用区域大规模风、光的互补特性，以及结合抽水蓄能的灵活调峰，保障可再生能源的有效消纳。

2. 跨区域电网建设情况

华北电网主网架格局为1000kV交流"两纵+品字形环网"、特高压直流"两送两受"网架、500kV"八横三纵"；华北电网区外联络为"一交六直"格局，分别通过交流特高压1000kV长南Ⅰ线与华中电网联络，通过高岭站背靠背直流、鲁固直流与东北电网联络，通过银东直流、昭沂直流与西北电网联络，通过雁淮直流、锡泰直流与华东电网联络。山西电网、蒙西电网分别经四个通道（9条500kV线路）和两个通道（4条500kV线路）向东部输送电力。京津冀电网承担着电力枢纽核心作用，潮流特征为多方向、多通道、多落点。山东电网通过五个通道（6条1000kV线路、4条500kV线路），接受京津唐和河北南网转移电力。由于新能源大规模发展、燃料市场供应等问题，2021年华北区域内大规模、高频次、长时间开展电力互济，最大跨区支援900万kW，开展省间电力互援396次、支援电量2.82亿kWh。

3. 电网灵活性提升举措

京津冀为提升电网灵活性、防止出现电网阻塞，主要以省为单位进行电网优化和改扩建，跨省、跨区输电线路的发展由电网公司协同各省市来完成。与德国类似，京津冀电网发展以满足电力消费、峰值负荷、负荷分布和负荷结构等需求为目标，通常按照调整运行方式、电网改造、电网扩张的优先次序提升电网灵活性。其中电网优化运行方式是对电网的相关功能组件进行合理的调配，京津冀地区通常首要保证电网本身的稳定和安全运行，然后对用户的电能质量要求进行细致的调控，最后才是对电网进行经济性的优化；电网改造、扩建通常根据电网历史的监测、收集的新需求和一些故障问题，开展电网改、扩建规划设计工作，然后统筹设备、资金、人力、用地等各种因素根据规划实施方案进行建设施工，最后对改、扩建工程进行验收投运，确保各项功能正常运行。

7.3.3 用户侧灵活性资源情况

京津冀地区是中国重要的负荷中心之一，不仅区内河北、天津拥有庞大的工业负荷，而且北京、天津、石家庄、保定等超大型、特大型城市拥有巨大的商业、居民用电需求，这都为京津冀地区开展电力需求侧管理创造了基础条件。截至 2021 年年底，京津冀地区全社会用电量超过 6586 亿 kWh，其中第一产业用电量约 89 亿 kWh；第二产业用电量约 3887 亿 kWh；第三产业用电量为 1598 亿 kWh；城镇居民用电量约为 565 亿 kWh；乡村居民用电量约为 447 亿 kWh。并且伴随经济的发展，京津冀地区电力需求结构也发生着不断变化，第二产业比重不断降低，第三产业和居民用电比例显著上升；2021 年京津冀地区第一产业、第二产业、第三产业和居民用电量比重分别为 1.4%、59.0%、24.3%和 15.4%，相比 2012 年，第一产业比重下降 1.3 个百分点，第二产业下降 11.0 个百分点，第三产业和居民分别提高 8.8 百分点和 3.5 百分点。

参考国际经验和当前国内开展电力需求侧管理的情况，京津冀地区不同产业开展电力需求侧管理有望提供超过 1400 万 kW 的最大负荷削减和超过 170 万 kW 的可中断负荷，电力需求侧管理将成为京津冀地区未来重要的灵活性资源。

1. 工业灵活性资源

京津冀是中国最早开展工业用户参与需求响应实践的地区，早在 2012 年起就制定出一系列奖励政策用于需求响应技术的研究与推广、需求响应设备的开发与采购、试点城市与试点企业的补贴等，北京、唐山率先成为第一批的需求响应试点城市，上千家企业探索实施需求响应。目前已形成了以负荷管理技术、能效管理技术以及自动需求响应技术等为依托的技术体系。

京津冀地区工业灵活性资源主要包含可转移负荷与可削减负荷两种类型，当前工业负荷需求侧管理仍处于探索示范阶段。

从可转移负荷来看：①区域内钢铁企业可通过合理调整生产时间将白天高峰时段的用电负荷转移至夜间低谷时段来降低峰谷差，例如机修等辅助生产部门能够避免在高峰时段用电。②区域内机械制造企业可转移负荷能力较强，在错峰生产方面的潜力也比较大。例如，将部分能耗较高的电弧炉、热处理炉、电焊设备以及大型机床等生产设备转移至平时段或者谷时段用电。③区域内化工企业用电负荷呈现出鲜明的峰谷特征，可通过对部分生产环节的生产时间进行适当的提前或者推迟来减少一定峰时段的用电负荷。

从可削减负荷来看：①区域内钢铁企业大多拥有一定比例可中断运行的生产设备，例如轧钢生产环节的用电设备均可以削减用电甚至是中断用电，负荷削减比例在10%左右。②区域内机械制造企业的电弧炉等生产设备均能够削减用电，中频炉等用电设备也能够适当地中断用电，具有较大的负荷可削减潜力。③区域内化工企业通常是三班制的连续型生产，其负荷可削减比例主要取决于辅助生产部门与管理部门的用电。

2. 建筑、交通灵活性资源

伴随政策的支持和电池成本的快速下降，电动汽车正逐步融入京津冀协同发展中，截至2020年年底，京津冀地区的电动汽车总保有量为75.8万辆，建设公共充电桩超过6.4万个。国家电网有限公司正在将电动汽车充电网络建设作为泛在电力物联网建设的重要组成部分，探索京津冀应用车辆到电网（vehicle to grid，V2G）技术，充分发挥电动汽车的移动储能特性，实现电动汽车与电网良性互动；另外在电网故障期间，发挥电动汽车"移动充电宝"作用，为安全供电提供保障。

随着自动控制技术和建筑管理系统的不断应用，建筑领域的需求响应同样发展迅速。北京大兴机场、"中国尊"等大型建筑均开展了冰蓄冷项目，实现了日间空调制冷和晚间制冰蓄冷。伴随京津冀地区产业结构的变化，商业和居民用电占比持续上升，空调负荷占比不断攀升，例如，北京地区夏季空调负荷占最大负荷的比重超过40%，空调负荷也将是京津冀地区需求侧重要的灵活性资源。

7.3.4 储能灵活性资源情况

京津冀地区储能设施主要包括抽水蓄能、电池储能、压缩空气储能以及电制氢。其中抽水蓄能装机210万kW，其他类型储能主要集中于示范工程，约3.2万kW。

1. 抽水蓄能资源

截至2021年年底，京津冀地区水电总装机容量约为281万kW，其中，小水电71万kW，多属于灌溉、调水等配套建设；抽水蓄能电站270万kW，分别为十三陵蓄能电厂4×20万kW，张河湾蓄能电厂4×25万kW，丰宁蓄能电站投产2×30万kW，潘家口蓄能电厂3×9万kW，密云蓄能电厂2×1.1万kW，岗南蓄能电厂1×1.1万kW。国家能源局发布的《水电发展"十三五"规划》已将尚义抽水蓄能电站列为全国"十三五"抽水蓄能电站重点建设项目，装机容量为120万kW。考虑到在运和规划的丰宁、抚宁、易县等抽水蓄能项目，2030年前京津冀地区抽水蓄能电站合计装机规模有望达到930万kW，后续受到站址资源条件限制将不会有较大规模新增。

2. 其他类型蓄能资源

电池储能、压缩空气储能以及电制氢在京津冀得到了快速发展，但目前仍主要集中于示范工程。截至2022年6月底，京津冀已建成各类储能123万kW，主要分布于冀北电网。其中张家口已建成世界上首个具备虚拟同步发电机功能的新能源电站和3MW电动汽车电池梯次利用储能示范工程；3000m^{2}太阳能跨季节储热涿鹿矾山黄帝城示范工程也已试运行；沽源20万kW风电制氢项目正在进行建设；压缩空气储能、风光热储输多能互补等相关项目也得到了示范工程建设。除抽水蓄能外，其他主流储能方式当前在技术和成本方面仍不具备太大优势，但就各类储能方式近年来成本下降趋势来看，电池储能成本呈现出更快的下降速度，并且受目前国内电动汽车产业规模扩大影响，电池储能单位瓦时生产成本有望低于 1 元，接近抽水蓄能成本。

综上所述，京津冀地区的灵活性资源分布于电源侧、电网侧、用户侧和储能领域。其中，火电机组和抽水蓄能是京津冀地区电力系统灵活性的主要来源，电网灵活互济、柔性输电等在负荷高峰时段发挥了重要支撑作用，用户侧需求侧管理起步较早，也为京津冀电力系统平衡提供了更多调节手段，各类储能和电制氢灵活性服务仍处于示范阶段。但也必须看到，京津冀地区各类灵活性资源有待进一步释放。

7.4 小　　结

随机性、波动性和反调峰特性的清洁能源的大规模、高比例开发利用，给电网企业在电力保障、供电可靠及灵活性释放等方面迎来一系列新挑战。为应对挑战，电网企业可以从电源侧、电网侧、用户侧、储能等方面做出努力，提高电力系统的灵活可靠性。电源侧与发电技术密切相关，如水力发电机和开式循环燃气轮机是最灵活的常规发电机之一；电网侧通过强大传输网络平衡较大区域的供需；用户侧通过价格信号或长期直接负荷控制协议调整用户电力需求；储能方面主要通过电池、抽水蓄能电站和电池等技术提供灵活可靠性。

8 京津冀能源协同发展行动

如前所述,京津冀三地能源资源分布不均,能源消费特征差异显著。与此同时,三地能源基础设施联系紧密,具备互联互通和一体化的基础。2017年11月京津冀三地发改委联合颁布了《京津冀能源协同发展行动计划(2017—2020年)》(简称《行动计划》),这是京津冀三地首次联合发布区域能源协同发展行动计划。《行动计划》提出了强化能源战略协同、设施协同、治理协同、绿色发展协同、管理协同、创新协同、市场协同、政策协同"八大协同"重点任务。本章逐一分析这八大协同的主要内容,每项任务中电网企业的具体举措及成效。

京津冀能源协同发展是京津冀能源转型与京津冀协同发展的有机结合,电网企业在推动京津冀能源协同发展中的各项举措,是电网企业推动京津冀能源转型与京津冀协同发展的有益尝试,其成效印证了电网企业在国家能源转型和京津冀协同发展中可以发挥重要作用。

8.1 能源战略协同

关于能源战略协同,《行动计划》提出:保障能源安全,适度超前规划布局能源基础设施,统筹区域能源供应,打造多元化能源安全保障格局推动绿色低碳发展,加快能源结构调整步伐,全面压减煤炭消费总量,实施清洁能源替代;实施创新驱动战略,打造区域科技创新平台,加快能源市场化改革步伐,提升能源发展动力;统筹对外战略合作,共同推进与内蒙古、山西、陕西、新疆等资源富集地区和能源企业的战略合作,形成多元多向保障格局。

为了控制北京燃煤电厂数量，国网华北分部前身华北电力集团公司和华北电网有限公司一直致力于在北京外部建设燃煤电厂，保障电力供应。2000年以来，先后建设了山西大同电厂、内蒙古托克托电厂、岱海电厂、上都电厂、天津盘山电厂24台机组1596万kW，直接给北京送电；"十一五""十二五"期间，大力推动北京建设燃气机组1000余万kW，并将燃煤机组改造或退役，大力推动冀北三河电厂为北京供热。京津冀协同发展战略提出后，国网华北分部积极响应，协助国网北京市电力公司先后关停了高井电厂、石景山电厂、一热电厂、高碑店电厂16台257万kW燃煤机组，并在厂区或临近区域建设燃气电厂，共19台机组，助力北京在不同区域、多点建设燃气电厂。

截至2021年，北京统调燃气机组容量共计969万kW，年发电量约400亿度。受燃气机组夏、冬季发电都不能满发的影响，北京机组改为燃气机组以后，华北分部需要在京津唐电网范围内协调更多电力保障北京。同时，大力促成在河北涿州建设2台燃煤机组70万kW、在河北蔚县建设2台燃煤机组120万kW直接给北京送电。预计"十四五"期间正努力推动规划涿州电厂扩建2台燃煤机组200万kW直供北京，推动山西、内蒙古、陕西建设煤电送京津冀，增加京津冀电力供应。

此外，我国燃气主要依靠进口，并且依靠管道输送，运行风险大，发生过哈萨克斯坦管道故障影响供气，北京燃气机组压出力甚至被迫停机的情况以及北京管道燃气压力低导致多台机组同时发生跳闸的情况，这给京津唐电网调度运行管理增加了风险与困难。而这些问题均由华北分部组织协调电力保障北京供应。

"十三五"以来，国网华北分部落实京津冀协同发展要求，积极推动在河北涿州、蔚县建设4台燃煤机组。这些机组除正常发电外，在冬季期间给京津冀地区供热，其中涿州电厂分别向北京房山、河北涿州供热，蔚县电厂向张家口市供热。此外，各相关单位积极推动河北三河电厂给北京通州供热，减少了北京供热小锅炉用煤。"十四五"将推动天津盘山电厂给北京平谷供热，进一步贯彻京津冀协同发展。

8.2 能源设施协同

关于能源设施协同,《行动计划》提出:加快电力一体化建设,建设特高压输电通道,完善500kV骨干网络,加强支撑电源建设,优化区域电源布局,加快核电项目前期工作,统筹新能源汽车供能设施;加快油气设施一体化建设,统筹油气资源开发利用,加强原油储输能力建设,推动天然气输气干线建设,加快LNG输气能力建设;提升区域清洁供热水平,扩大三河热电厂向通州供热规模,推动延庆实现绿色供热,实现涿州热电厂向河北涿州和北京房山供热。

自《行动计划》发布以来,京津冀地区一系列特高压工程陆续开建。2016年,雄安(北京西)特高压站的投产,标志着河北南网从此步入了特高压发展新时代。2018年,蒙西—晋中特高压交流工程核准开工,2019年,张北—雄安特高压交流工程开建。雄安—石家庄特高压交流工程2018年开建并于2019年投运,京津冀鲁形成世界首个特高压双回环网,这将帮助华北地区电网有效提升安全稳定运行水平,极大提高电网优化配置能源资源能力。2017—2020年华北电网"两横一纵+品字形环网"特高压交流工程投产,投产16座特高压站,变电容量8400万kVA,线路41条。2019年,雄安—邢台特高压线路工程投产,特高压交流电网形成"两站三通道"。

2020年6月,张北可再生能源柔性直流电网试验示范工程竣工投产,每年向北京地区输送140亿kWh的清洁电力,节约标准煤490万t,减少二氧化碳排放量1280万t,可全面满足北京和张家口地区26个冬奥会场馆用电需求,助力北京冬奥会实现奥运史上首次100%绿色电力供应。随着张北特高压工程投产,河北北部新能源向南部负荷中心输送电力,满足了河北南网负荷增长需要,缓解了河北南网用电紧张问题,大幅提升了新能源富集地区资源配置能力。京津冀地区4座特高压站,发挥特高压站变电容量大,供电范围覆盖广的优势,其中北京东、北京西同时向北京、冀北和河北南部地区供电,天津南也同时向天津和河北南部地区供电,能源设施协同作用得到充分发挥。

历经高速发展时期多轮大规模集中建设,北京电网供电能力和智能化水平显著提升，风险抵御能力和供电可靠性达到国内领先水平。当前北京电网正依托环京特高压环网和大型能源基地，加快建设500kV扩大双环网，着力打造"多方向、多来源、多元化"均衡受电格局和"环网支撑、多点注入、就地平衡"的供电网络，坚强的电网为能源转型升级发展奠定了坚实的物质基础。

8.3 能源治理协同

关于能源治理协同，《行动计划》提出：大力压减煤炭消费，推进冬季清洁取暖，按照"宜气则气、宜电则电"原则，推进清洁能源替代，完成"禁煤区"建设任务，加快推进燃煤锅炉关停淘汰，推动散煤治理工作；推进传统能源清洁化改造，加快煤炭清洁利用，实施油品升级改造，实施煤炭绿色开发；加快淘汰落后产能，加快推进去产能工作，淘汰煤炭、电力行业落后产能。

自《行动计划》发布以来，政府从多方面入手处理散煤问题：民用散煤治理方面，颁布了一系列"电代煤""气代煤"政策，使居民取暖消费观念发生了转变；工业散煤治理方面，全国进行工业转型"散乱污"治理，淘汰落后产能的同时倒逼优质产能替代；非工业领域小锅炉替代方面，积极推进扩大禁煤区建设，提高城镇集中供暖率。此外，《2018—2019年秋冬季大气污染综合治理攻坚行动方案》《打赢蓝天保卫战三年行动计划》等一系列政策为散煤治理保驾护航。

在一系列相关举措的支持下，散煤治理取得了卓越成效：截至2018年底，京津冀地区完成散煤治理1000万户，其中煤改气580万户左右，煤改电360万户左右，集中供热地热能等替代60万户左右。2018年，京津冀及周边地区、汾渭平原共完成清洁取暖改造614.75万户，超额完成目标40%，散乱污企业整治近9万家，工业小锅炉淘汰2.3万台。

根据生态环境部数据，从空气质量监测数据上看，近年来"2+26"城市秋冬季空气质量整体大幅改善，重污染天数明显减少。2017—2018年秋冬季城市PM2.5平均浓度同比下降26%，2018—2019年同比下降21%。从来源解析结果上看，2017—2018年秋冬季和2018—2019年秋冬季各类源对PM2.5的绝对浓度贡献均值下降显著,其中民用散煤降幅最大,分别下降 57.8%和 40.0%。

根据清洁取暖规划,截至 2016 年,我国北方地区电供暖面积约 4 亿 m^2。截至 2017 年年底,国家电网公司已经在"2+26"个城市开展居民"煤改电",累计完成 200 万户改造任务,供暖面积超过 2 亿 m^2,在北方地区 15 个省(自治区、直辖市)医院、商场、企事业单位等场所,推广电锅炉、热泵等集中电采暖技术,累计实施 1.5 万个项目,推广 4.3 亿 m^2 实现电采暖,替代 1.8 万台、33 万 t 取暖小锅炉,有力保障了"煤改电"后居民的用电需求。2019 年 1 月,国家电网有限公司印发《关于落实助力打赢蓝天保卫战三年行动计划的通知》要求 2018—2020 年为京津冀及周边地区城市和汾渭平原 528.5 万户居民、0.7 万个企事业单位实施"煤改电",预计新增电供暖面积 4.6 亿 m^2,预计累计替代电量 456 亿 kWh。

2018 年,北京市在完成 312 个村 12.26 万户"煤改电"任务的基础上,超额完成了山区 163 个村 5.74 万户配套电网改造,全市平原地区基本实现"无煤化"。与 2017 年相比,2018 年伴随"煤改气"规模下滑的是"煤改电"规模的明显提升。根据国家电网公司公布的统计数据估算,2018 年"煤改电"规模同比增长 58%。2018 年"煤改电"配套电网 10kV 及以下工程投资 152.23 亿元,分解单体工程 10839 项,惠及 9391 个村 217.3 万户居民,供暖面积约 175 万 m^2。

8.4 能源绿色发展协同

关于能源绿色发展协同,《行动计划》提出:推进可再生能源发展,大力发展风电、光电,推进风电基地建设;打造张家口可再生能源示范区,建设崇礼低碳奥运专区;规划建设能源高端应用示范区,鼓励多能互补、智能融合的能源利用新模式;促进可再生能源消纳,优先安排张家口可再生能源示范区等可再生能源和清洁能源上网,实现在京津冀区域一体化消纳。

针对张家口可再生能源发展潜力巨大和对外输送通道和消纳能力有限的矛盾,张家口示范区采取了本地消纳和跨区消纳两种方式解决这一问题。本地消纳方面,以建设"绿色城市、低碳奥运"为目标,实施清洁能源供暖工程、推进数据中心建设。跨区消纳方面,与京津两市签署绿电消纳协议,建立跨省(区、市)电力交易机制,推动在京津冀开展可再生能源电力市场化交易。2018年河北省发改委发布《京津冀一体化可再生能源消纳实施方案》,落实可再生能源优先发电原则,完善清洁能源利用机制,华北能监局也于2018年印发了《京津冀绿色电力市场化交易规则(试行)》。可再生能源电力市场化交易通过挂牌、双边协商交易推广至京津冀地区。2018—2019年,张家口地区供暖季累计交易电量5.24亿kWh,同比增长296%。

京津唐电网按照立足可再生能源示范区发展规划及电网送出、消纳条件,突出项目先进性、创新性、示范性的原则具体实施张家口可再生能源示范区的建设,其中,国际首套100MW先进压缩空气储能技术示范与产业化项目和可脱网运行的100%可再生能源黄帝城小镇多能互补示范项目,已列入中科院先导A专项。此外,张北风光热储项目已开始施工建设,张北云计算基地绿色数据中心新能源微电网示范项目正在加紧建设,项目建成后可为阿里巴巴大数据中心提供绿色电力。面向低碳城市崇礼群微电网项目正在进行可研及接入系统设计招标。与国网节能公司开展大数据能源综合管理平台项目合作,营造"源网荷一体化"的覆盖新能源全产业链(包括设备制造商、发电企业、电网公司、可再生能源电力交易、第三方服务商、基金金融企业等)的创新服务平台。

8.5 能源管理协同

关于能源管理协同,《行动计划》提出:加强调峰能力建设,进一步增强电力、燃气调峰能力,积极发展储能设施;提高应急保障能力,完善应急决策和联动调度机制,建立气源保障统一协调机制,落实政府应急储备,制订区域能源综合应急预案;强化能源运行协同,完善监测预警,强化需求侧管理,提高用户侧响应能力。

2018年,华北能源监管局组织拟定了《华北电力调峰辅助服务市场运营规则》(简称《规则》),为建立调峰辅助服务市场化新机制,发挥市场在调峰资源配置中的决定性作用，充分挖掘华北电网及各省网调峰资源，保障华北电网安全稳定运行，提升风电、光伏等新能源消纳空间，实现调峰责任在不同发电企业之间的公平分摊。华北电力调峰辅助服务市场自2018年12月启动以来，激励了火电企业主动释放调峰能力，有效缓解了电网低谷运行困难状况，取得了良好成效。为进一步提升华北电力调峰辅助服务市场运营规则公平性和科学性，2019年3月华北能源监管局组织相关单位以工作组的形式对《规则》进行了全面修订，在技术支持系统、观念转变、安全管理等方面又提出了新的要求。

此外，保障用电安全也是电网工作的重要方面，在特级保电期间，京津唐电网通过加强组织领导、优化电网方式、强化安全管控等方式支持北京地区用电。如发挥华北分部电力安全保障组织体系和工作机预留300万kW旋转备用，京津唐电网自身预留400万kW备制作用；北京扩大环网、京津唐电网500kV主网一、二次设备均不安排输变电设备计划检修，确保北京地区500kV双环网结构完整，特级保电期间北京本地电力供应超过70%，北京外受电比例由日常70%降至低于40%。

京津唐电网2018—2019年度挖掘调峰资源500万kW，2019—2020年度挖掘调峰资源100万kW，总量达到600万kW。华北电网挖掘调峰资源超过1200万kW。有效促进了华北电网、京津唐电网的新能源消纳，基本解决因调峰引起的新能源弃电问题。华北调峰市场自2018年以来总体运行良好，市场平台系统运行稳定，有效增强了发电企业的市场意识，成功激励发电企业主动挖掘自身调峰能力，提高了电网的调节能力。

8.6 能源创新协同

关于能源创新协同，《行动计划》提出：建立协同创新平台，以重大项目为载体，以重大科技专项和科研项目为支撑，提升产业科技创新能力；强化示范引领，在京津冀三省市开展一批示范工程。

2018年开始，北京海淀北部新区能源互联网示范项目，天津生态城多能互补集成优化示范工程陆续开展，张北风光热储输多能互补集成优化示范工程，张北柔性直流示范工程等开工建设。其中，张北风光热储输多能互补集成优化示范工程2020年250MW光伏发电项目全部完成并网和调试工作。张北柔性直流示范工程也于2020年6月投产运行。张北柔性直流工程是世界上首个柔性直流组网工程，工程技术是世界上最领先的技术，在电力系统发展史上具有里程碑的意义，该工程将依托666km±500kV直流输电线路及张北、康保、丰宁、北京4座换流站，实现最大输送能力450万kW、总换流容量900万kW，大幅提升张家口清洁能源的输送能力，有效化解张北地区千万千瓦级清洁能源消纳难题。作为2022年北京冬奥会重点配套工程，张北柔性直流工程投运后，冬奥会场馆实现了100%全清洁电力供应。同时，每年可向北京地区输送清洁电量约140亿kWh，超过北京市年用电量的十分之一，减少标准煤消耗量448万t、二氧化碳排放量1165万t，大幅提升北京地区清洁能源消费比重。

与此同时，国家"数字经济"和"新基建"政策引导现代信息网络技术迅猛发展，以"大云物移智链"为代表的数字技术与电网技术加速融合，多能互补、综合利用、先进输电等新技术在电力系统日益广泛应用，"网上电网"全流程网上作业新模式应运而生，加速推动电网朝着智慧化能源互联网方向不断迈进，为提升电网的资源配置能力、安全保障能力和智能互动能力注入了强大动力。

8.7 能源市场协同

关于能源市场协同，《行动计划》提出：统一市场准入标准，鼓励各类市场主体平等参与三地能源基础设施建设和运营；推进区域电力市场协同发展，有序推进电力市场建设，逐步扩大直接交易规模，研究建立电力辅助服务市场；推进区域企业合作，倡导三地重点能源企业以股权方式开展合作，推进与社会资本合作。

2017年2月，张家口市从体制机制上求突破，首创"政府+电网+发电企业+用户侧"共同参与的"四方协作机制"，与国网冀北电力有限公司合作建立可再生能源电力交易平台，政府部门每月在平台上发布下个月可再生能源需求电量和挂牌电价，可再生能源发电企业自愿参加，开展市场化交易，将清洁电能直接销售给用户。2018年，国家能源局华北监管局正式发布《京津冀绿色电力市场化交易规则（试行）》，标志着张家口市首创的"四方协作机制"可再生能源电力市场化交易正式推广至京津冀地区，为推进京津冀地区可再生能源一体化消纳提供政策支撑。《京津冀绿色电力市场化交易规则（试行）》对于京津冀地区参与可再生能源市场化交易的电力用户及可再生能源发电企业的权利、义务、准入、退出、交易方式等都作出了明确规定，还对优先保障张家口地区绿色电力需求、张家口地区高新技术企业参与挂牌交易等方面作出明确规定。今后北京、天津、冀北电网的可再生能源发电企业及符合准入条件的电力用户，以及京津冀地区的售电公司，都可以通过协商、挂牌等市场化方式进行中长期电力交易。

据北京电力交易中心信息披露，2018年京津唐地区全社会用电量累计完成3729亿kWh，同比增长6.33%；最大负荷6482万kW，同比增长3.2%。2018年，京津唐消纳本地清洁能源上网电量333亿kWh，同比增长13.8%，通过消纳本地清洁能源，节约标准煤1100万t，减排二氧化碳排放量2860万t。华北地区省间交易电量完成2185亿kWh，同比增长24.4%。其中，市场化交易电量大幅度增长，完成电量774亿kWh，同比增长57.7%。

8.8　能源政策协同

关于能源政策协同，《行动计划》提出：加快统一标准体系，包括质量标准、排放标准和设施标准；实施政策引导，加大煤改清洁能源支持力度，研究设立京津冀能源结构调整基金，完善地方财税政策。"十三五"期间，国网北京电力创新政企合作模式，分别与北京市、各区政府等主体签订战略合作协议，推广实施征地、拆迁等前期工作和赔偿费用全部由政府或用电主体承担的"零前期"模式，为首都电网发展争取到前所未有的政策和资金支持。后续随着"十四五"战略合作协议逐步签订和落地实施，电网支持政策将更加丰富完善，为首都能源转型升级提供更加有力的政策支撑。

据统计，2018年11月—2019年4月供暖季期间，43家风电企业共计73个风电项目参与清洁供暖交易，用户侧交易需求总电量4.61亿kWh，交易电量达到3.69亿kWh，用户实际用电量3.72亿kWh。张家口可再生能源示范区清洁供暖交易，是全国首次通过市场交易机制和差别化输配电价创新建立的清洁供暖新模式，从实施成效看有三个特点：

（1）居民用户优先入市，切实保障民生。整个供暖季居民小区、学校及党政机关等单位电采暖电量占比为92.1%，工商业用户用电采暖电量占比为7.9%，保障了风电的低价电向民生工程准确传导。

（2）输配电价分时执行，引导低谷用电。风电清洁供暖交易低谷时段输配电价按平时段的50%执行。经统计，集中式居民用电采暖低谷电量占比66.4%，分散式居民用电采暖低谷电量占比75.9%，工商业用户用电采暖低谷电量67.2%。整体而言，风电清洁供暖用户电量主要以低谷电量为主，实施风电清洁供暖，可以有效提升当地低谷负荷，也有助于缓解供暖期低谷时段电网调峰压力。

（3）采暖电费显著降低，有效促进电能替代。经对比测算，参加市场化交易的集中式电采暖项目，其低谷到户电价0.16元/kWh，其到户电价平均降幅为44.8%，市场化交易的峰时段电价已低于其低谷时段目录电价；分散式居民电采暖用户，其到户低谷电价约0.15元/kWh，到户电价平均降幅为53.2%，市场化交易的峰时段电价已低于其低谷时段目录电价；参与市场化交易的电能替代（工商业电采暖）项目，其到户低谷电价约0.27元/kWh，平均降幅为25.5%。市场化交易有效降低电采暖用户用能成本，助推相关用户主动实施电采暖改造。按照2019年7月1日起执行的最新输配电价政策，下个供热季用户到户电价还将进一步下降。

8.9 小　　结

国家电网有限公司通过深化与京津冀政府的战略合作，主动融入京津冀经济社会发展大局。通过能源战略合作、特高压建设、散煤治理、张家口可再生能源示范区建设、调峰能力建设、创新示范工程建设、电力市场化建设以及北方地区统一清洁供暖价格政策等举措，推动了《行动计划》的落实，在京津冀能源协同发展中发挥了重要作用，推进了京津冀能源转型及协同发展战略的落地。

9 研究成果与建议

9.1 研 究 成 果

京津冀协同发展战略是国家重大战略，该战略以疏解"北京非首都功能"为基本出发点，以京津冀交通一体化、生态环境保护和产业升级转移为突破口，目的是实现京津冀三地资源在更大范围内的优化配置，在解决资源环境与发展矛盾的同时，促进区域协同发展。本书主要研究能源转型与京津冀协同发展的关系，以及电网企业如何推动京津冀能源转型，进而推动京津冀协同发展。重点研究五个问题：①能源转型与京津冀协同发展的关联性。②京津冀能源转型愿景与制约因素。③能源转型与京津冀电力系统灵活性。④电网企业推动京津冀能源协同发展的实践。⑤推进京津冀能源转型的具体建议。

本研究主要成果与结论如下：

（1）采用主成分分析法，对京津冀交通、生态环境、产业及公共服务四个子系统的协同水平进行了定量评价，分析了推动京津冀协同发展的主要举措、成效及主要问题。研究表明，京津冀区域四个子系统的协同度逐年提高。交通和产业系统协同度优于生态和公共服务系统。京津冀协同发展存在的主要问题有：深层次的体制机制障碍有待进一步破除，京津双城与河北的协同发展有待提高，生态治理与公共服务协同有待加强。

（2）采用文献研究法，分析了京津冀三地能源资源禀赋、能源生产与消费特点。研究表明，京津冀三地能源资源分布不均。在化石能源资源方面，北京市以煤炭资源为主，石油为辅；天津市石油、天然气和煤成气等资源丰富；河北省煤炭、石油、天然气资源都很丰富。在可再生能源资源方面，三地太阳能资源都很丰富，河北风能和水能资源也很丰富。三地能源生产与消费特征差异显著。在能源生产方面，三地能源生产结构差异较大，北京以清洁能源生产为主、天津以石油，河北以煤炭为主。在能源消费方面，京津冀能源消费增长趋势明显，能源消费结构不合理。京津冀是我国能源消费中心之一，2020年京津冀区域煤炭在一次能源消费占比高达60%，占全国煤炭消费总量的10.17%。河北省煤炭消费占比高达80.51%；能源消费对外依赖程度高，能效水平相对落后。万元GDP能耗略高于全国平均水平，远高于长三角、珠三角地区。京津冀能源资源禀赋、能源生产与消费特点表明，该区域能源转型势在必行。

（3）采用定性研究法，分析了能源转型与京津冀协同发展的三大重点领域，即交通一体化、生态环境保护和产业升级转移的关联性。研究表明，能源转型与京津冀交通一体化的关联性体现在，一方面，京津冀交通一体化意味着推进干线铁路、城际铁路、市域（郊）铁路、城市轨道交通的融合发展，这将推动交通电气化的发展和电力消费的增长，减少交通领域的化石能源（如燃油）消费，实现能源消费结构的优化，而能源消费结构的优化，将推动能源效率的提升。能源转型与京津冀生态环境保护的关联性，体现在京津冀生态环境保护，要求推动能源生产和消费革命从而促进绿色循环低碳发展。意味着必须从电力、制造、建筑及交通部门的能源活动出发推动能源转型。电力部门表现为电力生产结构的优化即可再生能源发电占比的提高，建筑、制造及交通部门表现为电气化率以及能源利用效率的提高。简言之，生态环境保护倒逼能源转型，能源转型反过来促进生态环境保护。能源转型与京津冀产业升级转移的关联性体现在，产业升级转移将改变京津冀现有能源消费结构，推动能源消费结构的电气化，而能源消费结构的电气化意味着电力消费的增长，意味着在以燃煤发电为主的发电结构下，碳排放的增加，意味着必须提高清洁可再生能源在发电中的占比，尽早实现发电侧的能源转型。

（4）采用BVAR模型，选取GDP与工业碳排放总量作为京津冀协同发展的评价指标，选取可再生能源装机占比、电力消费总量、能源强度作为能源转型评价指标，实证分析了能源转型与京津冀协同发展的动态关联性。研究发现，现有能源系统下，经济增长与生态环境保护的目标无法同时实现。现阶段电力消费对GDP与碳排放的增长具有显著的正向作用，而GDP与碳排放的增长又会进一步推动电气化进程，拉动电力消费，导致碳排放的进一步增加。因此，现阶段经济增长与低碳减排不可兼得。与可再生能源相比，能效管理在现阶段更具经济环境效益。能效提升可以显著促进京津冀三地经济的绿色增长。现阶段京津冀三地可再生能源发电经济效益为负，碳排放量变动趋势呈倒 U 形，总体减排效益不明显。

（5）定量分析了京津冀电力系统能源转型（电力生产清洁化）以及交通系统能源转型（交通电气化）的环保效应。电力系统能源转型环保效应的定量分析表明，在低碳情景下，首先，电力系统能源转型会显著抑制碳排放增量，使碳排放增量由正变负，其中电源结构是最重要的影响因素；其次，是外受电比例与本地化石能源的燃烧利用效率。这意味着京津冀能源转型应首先以推动本地清洁能源装机，保障本地能源供给安全；再次，应构建区域电力市场，加大能源要素流动，充分利用各区域能源比较优势，增大外受电比例；最后，应提升传统能源的利用效率。对交通系统能源转型环保效应的研究结果表明，与基准情景相比，在低碳情景下京津冀交通电气化将带来 1924 万 t 的碳减排量，京津冀交通部门的能源转型具有巨大的环保效益。现阶段交通部门能源转型的碳减排的主要贡献因素依次是能源效率、轨道交通替代效应、电动车替代效应，其次是电源结构。交通电气化所引致的电力消费增量及碳排放增量，远远小于交通电气化所带来的碳减排量。

（6）在对京津冀地区的负荷预测和可再生能源资源理论发电装机容量估计的基础上，以新增装机总成本最低为目标，考虑新能源发展布局、电源优化组合和非化石能源发展规模，对未来京津冀的能源转型中各类能源装机容量进行了预测，在约束条件中考虑了电网运行的安全，电力电量平衡和理论装机容量的约束。研究结果表明，京津冀能源转型至 2025 年有实质性进展，非水可再生能源装机占比达到 43.08%；至 2035 年达到较高水平，非水可再生能源装机占比提高至 52.23%；至 2050 年质量全面提高，非水可再生能源装机占比提高至 63.67%。研究认为，要实现本研究所预测的各类电源装机量，还存在着空间国土规划、技术发展水平、生态环保、体制机制以及能源安全等制约因素。

（7）探讨了能源转型对电力系统的挑战，电力系统灵活性资源特点以及京津冀电力系统灵活性资源现状。研究表明，能源转型对电力系统的挑战主要有电力保障、供电可靠性和电力系统灵活性三个方面。

从电源侧看，京津冀地区火电、抽水蓄能以及生物质发电都被视为是可控电源，其中水电占比较少，调节能力有限，煤电和气电是京津冀地区主要的调节电源。从电网侧看，京津冀地区已经建立起了可靠的电网覆盖，为区域内省市间实现电力的灵活互联互济创造了基础条件。同时，在推动电网柔性输电的应用，已建成世界首个±500kV四端柔性直流电网，具备450万kW的输电能力。从用户侧看，京津冀地区是中国重要的负荷中心之一，不仅区内河北、天津拥有庞大的工业负荷，而且北京、天津、石家庄、保定等超大型、特大型城市拥有巨大的商业、居民用电需求，这都为京津冀地区开展电力需求侧管理创造了基础条件。然而，电力需求侧管理受限于技术和机制制约，京津冀地区用户侧灵活性资源发挥作用十分有限。从储能侧看，京津冀地区储能设施主要包括抽水蓄能、电池储能、压缩空气储能以及电制氢。其中抽水蓄能装机210万kW，其他类型储能主要集中于示范工程，约3.2万kW。

（8）逐一分析了《京津冀能源协同发展行动计划（2017—2020年）》提出的京津冀能源战略协同、设施协同、治理协同、绿色发展协同、管理协同、创新协同、市场协同、政策协同"八大协同"的重点任务，以及电网企业在每项重点任务中的具体举措与成效。研究表明，电网企业通过能源战略合作、特高压建设、散煤治理、张家口可再生能源示范区建设、调峰能力建设、创新示范工程建设、电力市场化建设以及北方地区统一清洁供暖价格政策等举措，深化了与京津冀政府的战略合作，主动融入了京津冀经济社会发展大局，推动了《行动计划》的落实，在京津冀能源协同发展中发挥了重要作用，推动了京津冀能源转型及协同发展两大国家战略的落地。

9.2 建　　议

9.2.1 对政府部门的建议

1. 创新能源体制机制

由于体制和利益障碍，电力需求侧的灵活性、相邻电网互联互通以及储能技术的应用进展缓慢或效果有限。应建立能源在区域间调剂和用能权交易机制，构建能源产业创新发展引导机制，立足区域实际发展需求，发展储能等新兴技术的推广应用体系；打破三地行政壁垒，在京津冀地区推行电力、天然气、石油等重点领域改革先试先行，充分发挥市场在区域内能源资源配置中的决定性作用，为全国其他地区推行能源体制机制革命提供宝贵经验。

2. 夯实能源安全保障基础

统筹京津冀地区沿海城市 LNG 接收码头建设，加强燃气管道跨省跨市联网互通和区域内管网互联，构建多元供气格局，提升区域供气能力；投资建设储气设备，统筹开展天然气应急储备设备规划建设，提高天然气周转效率，增强调峰应急和抗风险能力。

3. 提高区域能源协同程度

探索建设京津冀区域电力市场的可能性，丰富市场交易品种，促进区域内可再生能源内部消纳，减少对外能源依赖情况，减少对化石燃料的使用；加快区域内互联互通的能源基础设施建设，促进区域内能源灵活调度和利用效率，强化区域内电力源网荷储协同控制能力，更经济、安全、高效地提高区域能源系统动态平衡能力。

4. 加大区域能源开发利用力度

鼓励开发城市屋顶光伏，保证京津冀地区在土地资源紧缺的条件下，充分利用屋顶资源和丰富的光伏资源，提高区域内能源开发利用程度；积极开发未利用土地，统筹规划各类能源设备建设；对存量煤电机组进行清洁排放技术改造，减少化石能源使用过程对环境的影响。

9.2.2 对电网企业经营的建议

1. 提升电网"十四五"规划水平

构建京津冀特高压主网架。积极服务"新基建"，在"十四五"期间构建以特高压为支撑的京津冀主网架新格局，进一步提升区外来电接纳能力，增强资源配置能力。优化电源布局，满足协调发展需求。进一步优化京津冀电源布局，在负荷中心优化电源布点，增强受端电网电压调节水平，提升电网支撑能力。

2. 提升大电网资源优化配置能力

基于京津冀地区包含京津唐电网和河北南网两个控制区的现状，研究如何优化调度管理模式，有效统筹京津冀内外部电力资源，切实提升大电网资源优化配置能力，最大限度保障首都北京电力可靠供应，减少河北部分地区始终存在的电力缺口。

3. 提升新能源消纳能力

提高新能源利用率水平。从统筹京津冀内外部调峰资源、火电厂灵活性改造、辅助服务市场建设、源网荷储新技术应用及商业模式创新等方面着手，提出提高新能源利用率水平的一揽子方案。建立新能源消纳市场机制。开展调节能力建设和补偿分摊机制研究、可再生能源消纳责任权重分配与落实研究，落实再生能源配额制要求，形成网内超额消纳电量自主转让、自愿认购机制，确保完成京津冀统一消纳指标。开展调节能力建设和补偿分摊机制研究、可再生能源消纳责任权重分配与落实研究，落实再生能源配额制要求，形成网内超额消纳电量自主转让、自愿认购机制，确保完成京津冀统一消纳指标。

在电网侧，可统筹送受端的调峰安排，制定更加灵活的电网运行方式，鼓励跨省、跨区共享调峰与备用资源。在负荷侧，可大力发展需求响应，设计合理的激励资金保障机制，优化峰谷电价和尖峰电价机制，结合现货市场建设探索实时电价。在储能侧，可在条件适宜地区稳步推进抽水蓄能发展，鼓励电化学储能等新型储能投资建设。

灵活性提升宜源网荷储多措并举，形成系统优化方案。虽然在电源侧新建机组项目是当前的常规选项，但在电网侧全局优化挖潜、在负荷侧和储能侧加快培育新动能，既是高质量发展的应有之义，也是未来发展的必然趋势。基于我国电力发展展望结果，可计算中长期各区域灵活性调节资源构成。

从全国整体来看，源、网、荷、储四个环节灵活性资源比重将由当前的以电源调节为主逐步演变为2035年61%:12%:10%:17%、2050年的44%:12%:13%:31%。可见，电源侧各类资源仍将长期发挥关键作用。但跨区互济、需求响应、储能等新型灵活性资源的重要性愈加凸显。

4. 提升电网应急体系和管理能力

完善应急指挥协调联动机制。建立国家统筹、区域协调、跨省联动的大面积停电事件应急指挥协调联动机制,推动京津冀大面积停电事件联合应急演练,加强企业之间、行业之间的应急协同联动,重点提高跨省、跨区域协同应对能力。加强应急资源整合。京津冀各省市公司签订应急支援协议,统一调配应急备品库物资、装备及队伍等资源,强化突发事件应急联动,加强应急预案实战化演练。

5. 提升市场化建设水平

开展市场机制研究。研究建立适应京津冀协同发展的市场化交易机制,使京津冀地区用户侧可以公平分享各类电力资源,发电侧可以真实显现实际发电成本,充分释放改革发展红利。建立有效衔接过渡机制。开展容量保障补偿、用户市场统一开放、发电企业公平竞争、新能源统一消纳等规则机制研究,实现计划模式与市场模式有效衔接。持续优化营商环境。开展电力一体化服务等方面的研究。

6. 提升科技创新能力

创新组织结构。整合科研资源,做好资源共享、信息共享和成果共享,开展技术协同攻关。开展重点课题研究。加强绿色能源消纳、电网运行安全、设备智慧运维、精益用电服务关键技术攻关。提升电力大数据应用水平,建立安全生产大数据分析系统,多维度分析现场安全管理薄弱环节。开展电动汽车充电桩有关研究。打造示范工程。积极打造雄安中国特色国际领先能源互联网示范区、张家口低碳冬奥科技创新综合示范工程和秦皇岛能源互联网示范工程。

7. 建立京津冀协同发展的价格机制及协调统一的购售电模式

探索"华北+京津唐"区域电价新模式普适性。细化编制新模式下的结算方案。制订新模式配套的资产优化调整方案。形成协同发展的购售电机制。坚持京津唐统一电力电量平衡,研究制订分部及3家省公司协同开展外购电、外售电的机制,合理平衡各方利益。

附 表

附表 1　　2014 年以来京津冀协同发展政策文件一览表

年份	名称	级别	类别	发文机构
2011	关于印发河北沿海地区发展规划的通知	国家	通知	国家发展改革委
2013	关于印发《京津冀及周边地区落实大气污染防治行动计划实施细则》的通知	国家	通知	环境保护部、国家发展改革委、工业和信息化部、财政部、住房城乡建设部、能源局
2014	关于印发《京津冀及周边地区秸秆综合利用和禁烧工作方案（2014—2015 年）》的通知	国家	通知	国家发展改革委、农业部、环境保护部
2014	关于印发能源行业加强大气污染防治工作方案的通知	国家	批复	国家发展改革委、国家能源局、环境保护部
2015	京津冀协同发展纲要	国家	规划	国务院
2015	国务院关于印发中国（天津）自由贸易试验区总体方案的通知	国家	通知	国务院
2015	国务院关于北京市服务业扩大开放综合试点总体方案的批复	国家	国函	国务院
2015	关于北京市城市轨道交通第二期建设规划（2015—2021 年）的批复	国家	批复	国家发展改革委
2015	关于石家庄市城市轨道交通近期建设规划调整方案（2012—2021 年）的批复	国家	批复	国家发展改革委
2015	关于进一步加强区域合作工作的指导意见	国家	意见	国家发展改革委
2015	关于北京至秦皇岛高速公路河北省大安镇（津冀届）至平安城段和京冀、冀津连接线段可行性研究报告的批复	国家	批复	国家发展改革委
2015	京津冀协同发展交通一体化规划	国家	规划	国家发展改革委、交通运输部
2015	国家发展改革委关于进一步加强区域合作工作的指导意见	国家	意见	国家发展改革委
2015	京津冀协同发展生态环境保护规划	国家	规划	国家发展改革委
2015	保监会关于保险业服务京津冀协同发展的指导意见	国家	意见	保监会
2015	京津冀产业转移指南	国家	意见	工业和信息化部和北京、天津、河北三省市政府联合出台

续表

年份	名称	级别	类别	发文机构
2015	开发性金融支持京津冀协同发展合作备忘录	国家	意见	国家开发银行、北京市人民政府、天津市人民政府、河北省人民政府
2016	国务院关于京津冀系统推进全面创新改革试验方案的批复	国家	国函	国务院
2016	关于京津冀地区城际铁路网规划的批复	国家	批复	国家发展改革委
2016	关于印发《京津冀农产品流通体系创新行动方案》的通知	国家	通知	国家发展改革委、农村农业部、商务部、交通运输部、海关总署、质检总局
2016	关于新建北京至唐山铁路核准的批复	国家	批复	国家发展改革委
2016	关于印发京津两市对口帮扶河北省张承环京津相关地区工作方案的通知	国家	通知	国家发展改革委、中央组织部、工业和信息化部、财政部、人力资源社会保障部、环境保护部
2016	关于新建北京至天津滨海新区铁路宝坻至滨海新区段核准的批复	国家	批复	国家发展改革委
2016	关于京秦高速公路北京东六环至京冀界段可行性研究报告的批复	国家	批复	国家发展改革委
2016	"十三五"时期京津冀国民经济和社会发展规划	国家	规划	国家发展改革委
2016	京津冀民政事业协同发展合作框架协议	国家	意见	京津冀三地民政部门
2016	京津冀商贸物流发展规划	国家	规划	商务部
2017	推进京津冀民航协同发展实施意见	国家	意见	国家发展改革委、民航局
2017	关于新核准煤电机组电量计划安排的复函	国家	批复	国家发展改革委办公厅
2017	关于津石国家高速公路海滨大道至长深高速段可行性研究报告的批复	国家	批复	国家发展改革委
2017	关于首都地区环线高速公路通州至大兴段可行性研究报告的批复	国家	批复	国家发展改革委
2017	国家公务员局关于公务员管理工作更好服务于京津冀协同发展战略的实施意见	国家	意见	国家公务员局
2018	国务院办公厅关于成立京津冀及周边地区大气污染防治领导小组的通知	国家	通知	国务院
2018	关于做好京津唐电网淘汰关停煤电机组发电计划补偿工作的通知	国家	通知	国家发展改革委办公厅
2018	关于新建北京至雄安城际铁路调整可行性研究报告的批复	国家	批复	国家发展改革委
2019	京津冀工业节水行动计划	国家	规划	工业和信息化部、水利部、科学技术部、财政部联合发布

续表

年份	名称	级别	类别	发文机构
2019	关于印发《张家口首都水源涵养功能区和生态环境支撑区建设规划（2019—2035年）》的通知	国家	通知	国家发展改革委、河北省人民政府
2019	关于印发《河北省张家口市及承德市坝上地区植树造林实施方案》的通知	国家	通知	国家发展改革委办公厅、国家林草局办公室
2020	关于加快天津北方国际航运枢纽建设的意见	国家	意见	国家发展改革委、交通运输部
2020	北京市通州区与河北省三河、大厂、香河三县市协同发展规划	国家	规划	国家发展改革委
2014	关于印发《北京市推进京津冀区域通关一体化改革实施方案》的通知	北京	通知	北京市商务委员会
2015	关于印发《北京市科学技术委员会关于建设京津冀协同创新共同体的工作方案（2015—2017年）》的通知	北京	通知	北京市科学技术委员会
2015	开发性金融支持京津冀协同发展合作备忘录	北京	意见	国家开发银行、北京市人民政府、天津市人民政府、河北省人民政府
2015	京津冀产业转移指南	北京	意见	工业和信息化部和北京、天津、河北三省市政府联合出台
2015	北京（曹妃甸）现代产业发展试验区产业发展规划	北京	规划	京冀两地政府
2015	北京市新增产业的禁止和限制目录	北京	措施	北京市政府
2016	关于印发北京市落实京津冀农产品流通体系创新行动工作方案的通知	北京	通知	北京市发展改革委
2016	关于印发《京津冀农产品流通体系创新行动方案》的通知	北京	通知	北京市发展改革委
2016	北京市推进京津冀协同发展2016年重点项目	北京	规划	北京市发展改革委（市京津冀协同办）会同各相关单位研究制定
2016	中关村国家自主创新示范区京津冀协同创新共同体建设行动计划（2016—2018年）	北京	规划	中关村国家自主创新示范区领导小组
2016	京津冀旅游协同发展行动计划（2016—2018年）	北京	规划	京津冀三地旅游局
2016	京津冀民政事业协同发展合作框架协议	北京	意见	京津冀三地民政部门
2017	关于印发《京津冀区域养老服务协同发展实施方案》的通知	北京	通知	北京市民政局、天津市民政局、河北省民政厅
2017	《京津冀协同推进北斗导航与位置服务产业发展行动方案（2017—2020年）》的通知	北京	通知	北京市经济和信息化委员会、天津市工业和信息化委员会、河北省工业和信息化厅关于联合印发

续表

年份	名称	级别	类别	发文机构
2017	关于印发《京津冀地区拖欠劳动者工资异地投诉办法（试行）》的通知	北京	通知	北京市人力资源和社会保障局
2017	关于印发《京津冀协同应对事故灾难工作纲要》的通知	北京	通知	北京市安全生产监督管理局
2017	关于印发《环首都1小时鲜活农产品流通圈规划》的通知	北京	通知	北京市商务委员会、天津市商务委员会、河北省商务厅
2017	京津冀能源协同发展行动计划（2017—2020年）	北京	规划	京津冀三地发改委
2017	加强京津冀产业转移承接重点平台建设的意见	北京	意见	京津冀三地联合制定
2018	关于贯彻实施人力资源服务京津冀区域协同地方标准的通知	北京	通知	北京市人力资源和社会保障局
2018	关于提升贸易便利化水平服务措施的通告	北京	通知	北京出入境检验检疫局、天津出入境检验检疫局
2018	京津冀协同发展2018—2020年行动计划	北京	规划	北京市发展改革委
2019	关于持续优化营商环境促进京津跨境贸易便利化若干措施的公告	北京	通知	北京市商务局、天津市商务局、北京海关、天津海关
2020	关于深化京津口岸营商环境改革进一步促进跨境贸易便利化若干措施的公告	北京	通知	北京市商务局、天津市商务局、北京海关、天津海关
2014	关于组织参加京津冀粮食产销合作推进会的通知	天津	通知	天津市粮食局
2015	天津市司法局关于服务和保障京津冀协同发展的实施意见	天津	意见	天津市司法局
2015	天津市贯彻落实《京津冀协同发展规划纲要》实施方案	天津	规划	天津市人民政府
2015	司法部关于司法行政工作服务京津冀协同发展的意见	天津	意见	天津市司法局
2015	关于印发天津市贯彻落实京津冀协同发展规划纲要实施方案有关涉水事项的落实意见（2015-2020年）的通知	天津	通知	天津市水务局
2015	关于京津中关村科技城总体规划（2014—2030年）的批复	天津	批复	天津市人民政府
2015	开发性金融支持京津冀协同发展合作备忘录	天津	意见	国家开发银行、北京市人民政府、天津市人民政府、河北省人民政府
2015	《京津冀产业转移指南》	天津	意见	工业和信息化部和北京、天津、河北三省市政府联合出台

续表

年份	名称	级别	类别	发文机构
2016	关于《天津市市场和质量监督管理委员会关于贯彻京津冀协同发展规划的实施意见》的通知	天津	通知	天津市市场监督管理委员会
2016	京津冀旅游协同发展行动计划（2016—2018年）	天津	批复	京津冀三地旅游局
2016	京津冀民政事业协同发展合作框架协议	天津	意见	京津冀三地民政部门
2016	天津市加快建设北方国际航运核心区实施意见	天津	意见	天津市政府、天津市交通运输委
2017	天津市人力资源和社会保障局推进京津冀协同发展工作规则	天津	措施	天津市人力资源和社会保障局
2017	天津市市场和质量监督管理委员会关于进一步推进京津冀市场监管协同发展的意见	天津	意见	天津市市场监督管理委员会
2017	关于京津冀专业技术人员职称资格互认协议	天津	意见	天津市人力资源和社会保障局
2017	关于贯彻落实〈京津冀协同发展2017年工作要点〉的通知	天津	通知	天津市京津冀协同发展领导小组
2017	关于印发深入推进京津冀协同发展重大国家战略统筹天津市与国家部委、北京市对接工作方案的通知	天津	通知	天津市京津冀协同发展领导小组
2017	天津市交通运输委员会关于印发京津冀交通一体化2017年工作要点的通知	天津	通知	天津市交通运输委员会
2017	关于印发天津市推进京津冀大数据综合试验区建设实施方案的通知	天津	通知	天津市人民政府办公厅
2017	关于发布《京津冀三地企业登记注册工作协作备忘录》的通知	天津	通知	北京市工商局、天津市市场监管委、河北省工商局
2017	关于印发加快推进京津两地市场和物流中心疏解承接工作方案的通知	天津	通知	北京市商务委员会、天津市商务委员会
2017	加强京津冀产业转移承接重点平台建设的意见	天津	意见	京津冀三地联合制定
2017	京津冀能源协同发展行动计划（2017—2020年）	天津	规划	京津冀三地发改委
2017	关于印发《环首都1小时鲜活农产品流通圈规划》的通知	天津	通知	北京市商务委员会、天津市商务委员会、河北省商务厅
2017	《京津冀协同推进北斗导航与位置服务产业发展行动方案（2017—2020年）》的通知	天津	通知	北京市经济和信息化委员会、天津市工业和信息化委员会、河北省工业和信息化厅关于联合印发

续表

年份	名称	级别	类别	发文机构
2018	关于进一步深化对接全面加强承接非首都功能有关工作的通知	天津	通知	天津市协同办
2018	市场监管委关于印发2018年深入推进京津冀协同发展重点工作安排的通知	天津	通知	天津市市场监督管理委员会
2018	关于京津冀农产品质量安全科技创新及服务中心建设项目建议书的批复	天津	批复	天津市发展改革委
2018	关于印发天津市交通运输委员会贯彻《天津市深入推进京津冀协同发展2018年工作要点》实施方案的通知	天津	通知	天津市交通运输委员会
2018	关于印发京津冀交通运输行政执法人员学习交流工作方案的通知	天津	通知	天津市交通运输委员会、北京市交通委员会、河北省交通运输厅
2018	关于提升贸易便利化水平服务措施的通告	天津	通知	北京出入境检验检疫局、天津出入境检验检疫局
2019	关于印发市交通运输委贯彻落实《天津市贯彻落实京津冀及周边地区2019—2020年秋冬季大气污染综合治理攻坚行动方案》实施意见的通知	天津	通知	天津市交通运输委员会
2019	关于持续优化营商环境促进京津跨境贸易便利化若干措施的公告	天津	通知	北京市商务局、天津市商务局、北京海关、天津海关
2020	关于印发天津市支持重点平台服务京津冀协同发展的政策措施（试行）的通知	天津	通知	天津市发展改革委
2020	关于印发《2020年京津冀检验检测认证监管区域合作行动计划》的通知	天津	通知	天津市市场监督管理委员会、北京市市场监督管理局、河北省市场监督管理局
2020	关于深化京津口岸营商环境改革进一步促进跨境贸易便利化若干措施的公告	天津	通知	北京市商务局、天津市商务局、北京海关、天津海关
2014	关于加快沿海港口转型升级为京津冀协同发展提供强力支撑的意见	河北	意见	河北省政府办公厅
2015	关于印发京津唐电网统调发电机组增容管理实施细则（试行）的通知	河北	通知	河北省发展改革委、华北电网有限公司
2015	开发性金融支持京津冀协同发展合作备忘录	河北	意见	国家开发银行、北京市人民政府、天津市人民政府、河北省人民政府
2015	京津冀产业转移指南	河北	意见	工业和信息化部和北京、天津、河北三省市政府联合出台
2015	北京（曹妃甸）现代产业发展试验区产业发展规划	河北	规划	京冀两地政府

续表

年份	名称	级别	类别	发文机构
2015	推进京津冀交通一体化率先突破的实施方案	河北	措施	河北省交通运输厅
2016	关于加快发展现代保险服务业助力京津冀协同发展的实施意见	河北	意见	河北省政府办公厅
2016	关于印发河北省建设京津冀生态环境支撑区规划（2016—2020年）的通知	河北	通知	河北省政府办公厅
2016	关于印发《京津冀协同发展 毗邻地区林业有害生物协同防控联动工作方案（试行）》的通知	河北	通知	北京市园林绿化局、天津市林业局、河北省林业厅
2016	京津冀旅游协同发展行动计划（2016—2018年）	河北	规划	京津冀三地旅游局
2016	京津冀民政事业协同发展合作框架协议	河北	意见	京津冀三地民政部门
2017	关于加强京津冀交界地区规划建设管理实施方案的通知	河北	通知	河北省人民政府办公厅
2017	关于发布《京津冀三地企业登记注册工作协作备忘录》的通知	河北	通知	北京市工商局、天津市市场监管委、河北省工商局
2017	加强京津冀产业转移承接重点平台建设的意见	河北	意见	京津冀三地联合制定
2017	京津冀能源协同发展行动计划（2017—2020年）	河北	规划	京津冀三地发改委
2017	关于印发《环首都1小时鲜活农产品流通圈规划》的通知	河北	通知	北京市商务委员会、天津市商务委员会、河北省商务厅
2017	《京津冀协同推进北斗导航与位置服务产业发展行动方案（2017—2020年）》的通知	河北	通知	北京市经济和信息化委员会、天津市工业和信息化委员会、河北省工业和信息化厅关于联合印发
2018	关于印发京冀、津冀合作框架协议重点事项任务分解方案的通知	河北	通知	河北省人民政府办公厅
2018	关于印发京津冀交通运输行政执法人员学习交流工作方案的通知	河北	通知	天津市交通运输委员会、北京市交通委员会、河北省交通运输厅
2019	关于印发《〈张家口首都水源涵养功能区和生态环境支撑区建设规划（2019—2035年）〉实施意见》的通知	河北	通知	河北省人民政府办公厅
2019	关于深化公共资源交易平台整合共享实施方案的通知	河北	通知	河北省人民政府办公厅
2019	关于加快推进养老服务体系建设的实施意见	河北	意见	省政府办公厅

续表

年份	名称	级别	类别	发文机构
2019	关于进一步加快社会信用体系建设的实施意见	河北	意见	河北省人民政府
2019	关于印发河北省推动科技服务业高质量发展实施方案（2019—2022年）的通知	河北	通知	河北省人民政府办公厅
2020	关于印发河北省数字经济发展规划（2020—2025年）的通知	河北	通知	河北省人民政府
2020	关于印发《2020年京津冀检验检测认证监管区域合作行动计划》的通知	河北	通知	天津市市场监督管理委员会、北京市市场监督管理局、河北省市场监督管理局

附表2　　　　Johanson协整检验结果（煤炭结构）

假设	Trace 检验		Max-Eigen 检验	
None *	147.06	［0.0000］***	89.78	［0.0000］***
At most 1 *	57.26	［0.0011］***	30.17	［0.0125］***
At most 2 *	27.09	［0.035］**	19.01	［0.0566］*
At most 3	8.07	［0.245］	8.07	［0.2455］

*，**，***分别代表0.1、0.05与0.01水平的显著性水平。

附表3　　　ARDL短期修正模型及长期模型系数（煤炭）

	解释变量	系数	标准误	t统计值	Prob.
短期ECM模型估计	被解释变量：$D(\ln ES)$，模型 ARDL（4，3，4，4）				
	$D(\ln ES(-1))$	−0.0594	0.0737	−0.8062	0.4791
	$D(\ln ES(-2))$	−0.1697	0.0884	−1.9188	0.1508
	$D(\ln ES(-3))$	−0.4384	0.0978	−4.4814	0.0207
	$D(\ln ES(-4))$	0.2469	0.0247	10.0115	0.0021
	$D(IH)$	−0.0586	0.0075	−7.7903	0.0044
	$D(IH(-1))$	−0.1120	0.0096	−11.6263	0.0014
	$D(IH(-2))$	−0.1127	0.0080	−14.0450	0.0008
	$D(IH(-3))$	−0.1281	0.0054	−23.5838	0.0002
	$D(IR)$	−0.4828	0.0959	−5.0332	0.0151
	$D(IR(-1))$	−0.0566	0.0637	−0.8889	0.4395
	$D(IR(-2))$	0.1641	0.0796	2.0615	0.1313

续表

	解释变量	系数	标准误	t 统计值	Prob.
短期 ECM 模型估计	D（IR（−3））	0.4904	0.0659	7.4441	0.0050
	D（IR（−4））	0.2698	0.0465	5.7974	0.0102
	D（IS）	−0.2832	0.0692	−4.0949	0.0263
	D（IS（−1））	−0.1308	0.0248	−5.2814	0.0132
	D（IS（−2））	−0.0563	0.0245	−2.2974	0.1052
	D（IS（−3））	0.0469	0.0199	2.3548	0.0999
	D（IS（−4））	0.0375	0.0132	2.8373	0.0658
	ECM（−1）	0.6273	0.1223	5.1293	0.0143
	C	−0.0031	0.0035	−0.8747	0.4461
长期系数估计	D（IH）	−0.2896	0.0446	−6.4978	0.0074
	D（IR）	0.2710	0.0816	3.3199	.0451
	D（IS）	−0.2716	0.0720	−3.7740	0.0326

附表 4　　　　　　　　LM 检验结果（煤炭）

F-statistic	0.0146	Prob. F（2，5）	0.9857
Obs*R-squared	0.6532	Prob. Chi-Square（2）	0.7214

* 表示通过显著性检验。

附表 5　　ARDL 短期修正模型及长期模型系数（石油）

	被解释变量：D（lnEO）　模型 ARDL（4，4，4，4）				
短期系数估计	D（lnEO（-1））	0.0759	0.2345	0.3235	0.7676
	D（lnEO（−2））	−0.4296	0.1563	−2.7481	0.0709
	D（lnEO（−3））	−0.4781	0.1640	−2.9150	0.0617
	D（lnEO（−4））	0.5076	0.0921	5.5141	0.0117
	D（IH）	0.1771	0.0399	4.4412	0.0212
	D（IH（−1））	0.3362	0.0370	9.0867	0.0028
	D（IH（−2））	0.2507	0.0723	3.4656	0.0405
	D（IH（−3））	0.3600	0.0640	5.6246	0.0111
	D（IH（−4））	−0.0841	0.0589	−1.4260	0.2491
	D（IR）	1.1579	0.4010	2.8876	0.0631

续表

短期系数估计	D（IR（-1））	-0.2047	0.2921	-0.7008	0.5339
	D（IR（-2））	-0.0816	0.3633	-0.2247	0.8366
	D（IR（-3））	-1.3281	0.3125	-4.2501	0.0239
	D（IR（-4））	-0.6842	0.3593	-1.9040	0.1530
	D（IS）	0.8222	0.2288	3.5932	0.0369
	D（IS（-1））	0.3049	0.1089	2.7987	0.0679
	D（IS（-2））	-0.0015	0.1283	-0.0118	0.9913
	D（IS（-3））	-0.2057	0.1344	-1.5302	0.2235
	D（IS（-4））	-0.1247	0.0730	-1.7066	0.1864
	ECM（-1）	0.8519	0.1960	4.3472	0.0225
长期系数估计	D（IH）	0.7854	0.3021	2.5994	0.0804
	D（IR）	-0.8614	0.3462	-2.4886	0.0886
	D（IS）	0.6005	0.5352	1.1221	0.3435

附表6　　　　　　　　　LM 检验结果（石油）

F-statistic	0.10908	Prob. F（2, 1）	0.906
Obs*R-squared	4.119051	Prob. Chi-Square（2）	0.1275

* 表示通过显著性检验。

附表7　　　　　　　　　Johanson 协整检验结果（石油）

假设	Trace 检验		Max-Eigen 检验	
None *	121.2535	0***	50.68772	0***
At most 1 *	70.56579	0***	48.99696	0***
At most 2 *	21.56883	0.0054***	20.14903	0.0052***
At most 3	1.419804	0.2334	1.419804	0.2334

*、**、*** 分别代表 0.1、0.05 及 0.01 水平的显著水平。

附表8　　　　　　ARDL 短期修正模型及长期模型系数（天然气）

	被解释变量：D（lnEG）　模型 ARDL（4, 4, 3, 4）				
短期系数估计	D（lnEG（-1））	-0.8722	0.1900	-4.5905	0.0194
	D（lnEG（-2））	0.5065	0.1352	3.7476	0.0332
	D（lnEG（-3））	-0.4624	0.1925	-2.4021	0.0957

续表

短期系数估计	$D(\ln EG(-4))$	0.2718	0.1476	1.8412	0.1628
	$D(IH)$	0.0617	0.0410	1.5043	0.2295
	$D(IH(-1))$	0.2531	0.0602	4.2043	0.0246
	$D(IH(-2))$	0.4703	0.0783	6.0100	0.0092
	$D(IH(-3))$	0.5147	0.0858	5.9991	0.0093
	$D(IH(-4))$	0.2281	0.0726	3.1422	0.0516
	$D(IR)$	2.3724	0.4345	5.4601	0.0121
	$D(IR(-1))$	2.7581	0.4364	6.3198	0.0080
	$D(IR(-2))$	−0.6989	0.2995	−2.3337	0.1018
	$D(IR(-3))$	−1.4982	0.2500	−5.9923	0.0093
	$D(IS)$	−1.5029	0.6032	−2.4914	0.0884
	$D(IS(-1))$	1.1220	0.1739	6.4507	0.0076
	$D(IS(-2))$	1.4290	0.1355	10.5452	0.0018
	$D(IS(-3))$	0.6130	0.1150	5.3321	0.0129
	$D(IS(-4))$	0.3036	0.0852	3.5651	0.0377
	$ECMM(-1)$	0.4260	0.1975	2.1574	0.1199
长期系数估计	C	0.0179	0.0195	0.9196	0.4256
	$D(IH)$	0.9818	0.2267	4.3308	0.0227
	$D(IR)$	1.8849	0.6066	3.1075	0.0530
	$D(IS)$	1.2625	0.3976	3.1750	0.0503

附表9　　　　　LM检验结果（天然气）

F-statistic	0.068139	Prob. F (2, 1)	0.9381
Obs*R-squared	2.758468	Prob. Chi-Square (2)	0.2518

* 表示通过显著性检验。

附表10　　　　Johanson协整检验结果（天然气）

假设	Trace检验		Max-Eigen检验	
None *	169.7568	0.0000	118.1566	0.0000
At most 1 *	51.6002	0.0000	39.2385	0.0001
At most 2	12.3617	0.1404	12.3308	0.0988
At most 3	0.0309	0.8604	0.0309	0.8604

* 表示通过显著性检验。

参考文献

[1] 孙久文. 探寻京津冀城市群综合承载力［N］. 中国证券报, 2018-03-10（A09）.

[2] 米彦泽. 重点领域率先突破, 协同创新质量提升［N］. 河北日报, 2020-06-29（05）.

[3] 王雅洁, 刘璐. 以利益共同体引领京津冀城市群的协同发展［J］. 现代商贸工业, 2020, 41（10）: 3-6.

[4] 王郁, 赵一航. 区域协同发展政策能否提高公共服务供给效率？——以京津冀地区为例的研究［J］. 中国人口·资源与环境, 2020, 30（08）: 100-109.

[5] 王金营, 贾娜. 政策调整变迁与京津冀区域协同发展——基于合成控制法的分析［J］. 人口与经济, 2020（05）: 72-86.

[6] 洪帅, 田学斌. 京津冀协同发展政策支持述评［J］. 北方经贸, 2019（07）: 114-117.

[7] 刘锦堂. 政策协同是当前京津冀协同发展的关键［C］. 中国社会科学研究论丛卷.

[8] 杨宏山, 石晋昕. 京津冀区域发展的政策变迁［J］. 当代中国史研究, 2018.

[9] 刘璐, 余文斌, 李欣桐, 等. 京津冀协同发展政策与文献的语义匹配度研究［J］. 中国市场, 2019（35）: 29-32.

[10] 周密. 在京津冀协同发展中更好地发挥市场作用［J］. 理论与现代化, 2020（03）: 12-18.

[11] 王伟. 深化京津冀协同发展, 迈向世界级城市群［J］. 前线, 2020（05）: 58-61.

[12] 张满银, 全荣. 京津冀区域协同发展评估［J］. 统计与决策, 2020, 36（04）: 72-76.

[13] 孙久文. 京津冀世界级城市群的现状研判与发展建议［J］. 理论与现代化, 2020（04）: 31-37.

[14] 封世蓝. 京津冀协同发展的制约因素与改革路径［J］. 天津行政学院学报, 2020, 22（05）: 88-95.

[15] 陈纪, 王智睿. 统筹推动京津冀协同发展［N］. 经济日报, 2020-07-31（011）.

[16] 肖金成, 李博雅. 京津冀协同: 聚焦三大都市圈［J］. 前线, 2020（08）: 59-65.

[17] 杨健. 京津冀基本公共服务共建共享: 理论逻辑、实践经验与发展路径［J］. 天津行政学院学报, 2020, 22（05）: 79-87.

[18] 许永兵，罗鹏．京津冀城市群的经济发展质量评价［J］．河北大学学报（哲学社会科学版），2020，45（04）：85-98.

[19] 刘书瀚，于化龙．城市群生产性服务业集聚对经济增长的空间溢出效应——基于长三角、珠三角和京津冀城市群的比较分析［J］．预测，2020，39（04）：83-89.

[20] 沈燕，刘厚莲．不同规模等级的城市产业结构升级对人口城镇化的影响——基于我国三大城市群的实证分析［J］．城市观察，2020（02）：84-94.

[21] 吴炎芳．金融集聚对区域经济增长的空间溢出效应研究——基于空间计量模型的三大城市群对比分析［J］．经济问题，2020（08）：61-69.

[22] 李伟军，李婷，吴义东．中国三大城市群金融集聚：空间网络及结构分化［J］．经济体制改革，2020（02）：38-45.

[23] 刘斯敖．三大城市群绿色全要素生产率增长与区域差异分析［J］．社会科学战线，2020（07）：259-265.

[24] 叶堂林，刘莹．三大城市群创新能力比较研究［J］．前线，2020（06）：59-61.

[25] 周玥．生产性服务业集聚对区域创新产出的影响研究［D］．北京：北京交通大学，2019.

[26] 王祥荣，朱敬烽，丁宁，等．基于DPSIR模式的我国三大城市群生态化转型发展特征评估［J］．城乡规划，2019（04）：15-23.

[27] 魏丽华．我国三大城市群内部经济联系对比研究［J］．经济纵横，2018（01）：45-54.

[28] 刘秉镰，王钺．京津冀、长三角与珠三角发展的比较及思考［J］．理论与现代化，2020（03）：5-11.

[29] 贾品荣．区域低碳协同发展评价：京津冀、长三角和珠三角城市群的比较分析［J］．经济数学，2017，34（04）：1-6.

[30] 曾鸣，王亚娟．基于主成分分析法的我国能源、经济、环境系统耦合协调度研究［J］．华北电力大学学报（社会科学版），2013（03）：1-6.

[31] 孙久文．京津冀协同发展70年的回顾与展望［J］．区域经济评论，2019（04）：25-31.

[32] 魏丽华．京津冀产业协同发展问题研究［D］．北京：中共中央党校，2018.

[33] 闫昊生，孙久文．京津冀协同发展的理论解释——基于"新"新经济地理学的视角［J］．经济与管理研究，2018，39（01）：57-67.

[34] 林伯强．中国二氧化碳的环境库兹涅茨曲线预测及影响因素分析［J］．管理世界，2009，

187（04）：27-36.

[35] 葛正翔，孙薇梁，芸翠．优化能源消费结构 提高能源使用效率［J］．中国电力，2008（02）1-4.

[36] 杨莹．道路交通能耗影响因素及效应分析［D］．西安：陕西师范大学，2016.

[37] 童光毅．关于当代能源转型方向的探讨［J］．智慧电力，2018，46（10）：1-3+25.

[38] 邱丽静．我国电能替代发展现状分析与建议［J］．电力设备管理，2018（06）：33-37.

[39] 段金辉，单葆国，刘小聪，等．电能替代主要影响因素研究［J］．中国电力企业管理，2018（19）：54-56.

[40] 代玉婷．供给侧结构性改革与中国电力行业低碳发展的实证分析［D］．广州：暨南大学，2017.

[41] 马丽梅，史丹，裴庆冰．中国能源低碳转型（2015—2050）：可再生能源发展与可行路径［J］．中国人口·资源与环境，2018，28（02）：8-18.

[42] 舒印彪．加快再电气化进程 促进能源生产和消费革命［J］．国家电网，2018（04）：38-39.

[43] 吕明元，王洪刚．京津冀产业结构生态化演进对能源结构的影响［J］．首都经济贸易大学学报，2016，18（02）：50-60.

[44] 朱慧明．基于Minnesota共轭先验分布的贝叶斯VAR（p）预测模型［J］．统计研究，2004（01）：44-48.

[45] 程坤．地票交易、土地出让与房地产开发——基于贝叶斯VAR模型的实证研究［J］．西南民族大学学报（人文社科版），2019，40（06）：122-128.

[46] 殷路皓．对中国经济增长与通货膨胀的研究与预测［D］．厦门：厦门大学，2019.

[47] 中华人民共和国生态环境部．2020中国移动源环境管理年报2020［R］．［2020-08-11］．https：//cjjg.mee.gov.cn/xmdt/hjyw/202008/t20200811_793315.html.

[48] 王尔德．CCTV央视财经［EB/OL］．［2020-05-15］https：//www.sohu.com/a/117304664_114960.

[49] 郭焦峰．应尽快制定京津冀天然气协同发展的中长期战略［EB/OL］．http：//epaper.21jingji.com/html/2017-02/10/content_55707.htm.

[50] 王冬，杨永标，高辉，等．基于主成分分析法的电力用户节能减排因素相关性分析［J］．电器与能效管理技术，2015，（012）：66-69.

[51] 武瑞瑞．京津冀能源—经济—环境系统可持续发展研究［D］．北京：华北电力大学，2019．

[52] 魏厦．中国碳排放影响因素分析——基于向量误差修正模型的实证研究［J］．调研世界，2019（03）：60-65．

[53] 赵黛青，蔡国田，廖翠萍，等．中国区域能源转型与低碳发展战略及政策研究［J］．新能源进展，2019，7（02）：190-198．

[54] 顾佰和，谭显春，穆泽坤，等．中国电力行业CO_2减排潜力及其贡献因素［J］．生态学报，2015，35（19）：6405-6413．

[55] 宋雨飞，张水平，韩宁．沿海地区能源效率评价及影响因素分析［J］．西安：西安石油大学学报（社会科学版），2020，29（05）：1-8．

[56] 刘坚，赵勇强，NIS SOBORG，等．我国新能源汽车发展对道路交通能源转型影响研究［J］．中国能源，2014，36（06）：19-24．

[57] 王新宇．我国高速铁路对乘客社会福利的影响研究［D］．北京：北京交通大学，2019．

[58] 祝尔娟．推进京津冀区域协同发展的思路与重点［J］．经济与管理，2014，28（03）：10-12．

[59] 王萌．天津市能源消费与经济增长关系研究［D］．天津：天津大学，2016．

[60] 杨昆．提升电气化水平驱动经济社会高质量发展［N］．经济参考报，2020-06-15（007）．

[61] 侯小菲．能源消费与产业结构演化转型的迪氏对数平均指数分解研究——以天津为例［J］．城市，2019（03）：27-40．

[62] 吴大磊，林怡青，彭美春，等．利用小样本数据计算车辆年平均行驶里程的研究［J］．交通运输系统工程与信息，2009，9（02）：155-160．

[63] 景美婷．京津冀区域交通运输业碳排放驱动因子分解及预测研究［D］．天津：天津理工大学，2019．

[64] 张贵，王树强，刘沙，等．基于产业对接与转移的京津冀协同发展研究［J］．经济与管理，2014，28（04）：14-20．

[65] 王朝，李伟峰，韩立建．京津冀城市群能源协同发展背景下能源生产结构变化探究［J］．生态学报，2019，39（04）：1203-1211．

[66] 陆大道．京津冀城市群功能定位及协同发展［J］．地理科学进展，2015，34（03）：265-270．

[67] 武晓哲.基于多源数据的居民交通出行圈与拥挤程度分析[D].北京:清华大学,2018.

[68] 赵振宇,樊伟光.北京市可再生能源资源丰度评价与空间相关性分析[J].农村电气化,2020,397(06):59-64.

[69] 代贤忠.电动汽车与能源协同发展探讨[J].电气时代,2019,455(08):6-9.

[70] 王凤婷,方恺,于畅.京津冀产业能源碳排放与经济增长脱钩弹性及驱动因素——基于Tapio脱钩和LMDI模型的实证[J].工业技术经济,2019,38(08):32-40.

[71] 陈贵景,侯福均,常克亮,等.京津冀地区电力部门CO_2排放因素分解分析[J].安全与环境学报,2019,19(03):937-946.

[72] 刘畅,邓剑伟.京津冀协同发展背景下电力行业的发展策略研究[J].技术经济与管理研究,2017(08):124-128.

[73] 郭炜煜.京津冀一体化发展环境协同治理模型与机制研究[D].北京:华北电力大学,2016.

[74] 韩媛媛.协同发展背景下京津冀地区工业能耗碳排放研究[D].株洲:湖南工业大学,2019.

[75] 杨博文.能源转型中未来主力能源发展方向探析[J].能源与节能,2020(06):49-50+91.

[76] 李倩.能源转型已成城市发展创新最佳领域[N].中国能源报,2018-09-24(005).

[77] 孙祥栋,段博川.能源转型驱动城市协调发展[N].中国能源报,2017-05-22(004).

[78] 汤芳,张宁,代红才.两个50%:能源革命背景下的深度解析[J].能源,2020(Z1):23-26.

[79] 王磊,陈敏.京津冀协同视角下再生资源产业链构建研究[J].再生资源与循环经济,2019,12(11):8-14.

[80] 孙久文.雄安新区的意义、价值与规划思路[J].经济学动态,2017(07):6-8.

[81] 胡安俊,孙久文.京津冀世界级城市群的发展现状与实施方略研究[J].城市,2018(06):3-14.

[82] 孙久文,张翱,周正祥.城市轨道交通促进城市化进程研究[J].中国软科学,2020(06):96-111.

[83] 孙久文,林文贵.功能疏解背景下"微中心"的理论溯源及其建设思路研究[J].中国物价,2018(09):31-34.

[84] 孙久文,夏添. 新时代京津冀协同发展的重点任务初探[J]. 北京行政学院学报,2018 (05):15-24.

[85] 张华. 城市建筑屋顶光伏利用潜力评估研究[D]. 天津:天津大学,2017.

[86] 王瑜. 基于LCOE方法的中国风电成本研究[D]. 北京:华北电力大学,2017.

[87] 向宇伟. 京津冀地区电力能源系统能效提升潜力及路径研究[D]. 北京:华北电力大学,2019.

[88] 张运洲. 不宜过早、过快大规模淘汰煤电 逐步降低煤电机组利用小时数[EB/OL] 9.11]. http://www.hxny.com/nd-42576-0-17.html.

[89] 梁毅. 京津冀地区电能替代潜力预测及优化管理研究[D]. 北京:华北电力大学 2019.

[90] 赵娜. 北京市分布式光伏电站投资及收益情况[EB/OL]. https://solar.ofweek.com/2015-04/ART-260009-8490-28945144.html.

[91] 赵刚毅,刘嘉,张先儒. 从度电成本分析陆上风电平价上网实现对策[J]. 西北水电,2019.

[92] 辛禾. 考虑多能互补的清洁能源协同优化调度及效益均衡研究[D]. 北京:华北电力大学,2019.

[93] 许莉,李锋,彭洪兵. 中国海上风电发展与环境问题研究[J]. 中国人口·资源与环境,2015,(S1):135-138.

[94] 朱兴珊. 气电发展的决定性因素是国家环保政策[EB/OL]. https://finance.sina.com.cn/money/future/roll/2020-07-25/doc-iivhuipn5072120.shtml.

[95] 张显,史连军. 中国电力市场未来研究方向及关键技术[J]. 电力系统自动化,2020,44(16):1-11.

[96] 郭晓丹,李鹏. 基于偏最小二乘回归的吉林省电力需求预测分析[J]. 中国市场,2017 (36):220-223.

[97] 隆竹寒. 大气污染防治背景下的京津冀地区电力需求预测分析[D]. 北京:华北电力大学,2019.

[98] 王宝,马静,叶斌,等. 基于经济与气象维度影响因素的省级电网年度电力需求预测方法[J]. 电力需求侧管理,2020,22(02):51-55+61.

[99] 于松青,林盛.基于偏最小二乘回归的山东省电力需求预测分析[J].干旱区资源与环境,2015,29(02):14-20.

[100] 陈佳,陈辉,成飞.浙江居民用电需求的影响因素研究及定量预测[J].大众标准化,2020(15):124-125.

[101] 郑兰春.电力需求预测的实用方法研究[J].科技资讯,2016,14(21):15-16.

[102] 成坤.深圳市电力需求预测研究[D].广州:华南理工大学,2016.

[103] 闫宁.北京市长期电力需求预测研究[J].价值工程,2019,38(23):66-68.

[104] 国家电网有限公司.国家电网有限公司2019社会责任报告[R].http://www.sgcc.com.cn/html/files/2020-04/26/20200426170225100453993.pdf.

[105] 郑敏嘉,赵静波,钟式玉,等.粤港澳大湾区能源体系建设的国际经验借鉴探讨[J].能源与节能,2020(05):24-25.

[106] 王跃峰.德国新能源发电发展和运行研究[J].中国电力,2020,53(05):112-121.

[107] 张化冰.能源互联网支撑能源转型——访国家电网全球能源互联网研究院院长、中国工程院院士汤广福[J].电力设备管理,2020(02):25-28.

[108] 赵伟博.京津冀协同发展下的区域电网负荷特性分析及预测研究[D].北京:华北电力大学,2019.

[109] 曾惠娟.绿色雄安电力畅想[J].国家电网,2017(05):44-49.

[110] 王鹏.关于京津冀电力市场建设的思考[N].中国能源报,2016-08-08(001).

[111] 刘长松.国际能源转型进展及其对中国的启示和借鉴[J].鄱阳湖学刊,2016(03):113-119+128.

[112] 孙久文,原倩.京津冀协同发展战略的比较和演进重点[J].经济社会体制比较,2014175(05):1-11.

[113] 张铭贤.加快建设特高压电网,促进京津冀绿色发展[N].河北经济日报,2014-03-05(001).

[114] 李俊江,王宁.中国能源转型及路径选择[J].行政管理改革,2019117(05):65-73.

[115] 能源生产和消费革命战略(2016-2030)[J].电器工业,2017(05):39-47.

[116] 鲁宗相,李海波,乔颖.高比例可再生能源并网的电力系统灵活性评价与平衡机理[J].中国电机工程学报,2017,37(01):9-20.

[117] 马晓黎，张全贺，李富强．电力系统运行可靠性分析与评价理论研究［J］．城市建设理论研究（电子版），2016，210（36）：13-14．

[118] 鲁宗相，李海波，乔颖．含高比例可再生能源电力系统灵活性规划及挑战［J］．电力系统自动化，2016，40（13）：147-158．

[119] 肖定垚，王承民，曾平良，等．电力系统灵活性及其评价综述［J］．电网技术，2014，38（06）：1569-1576．

[120] 鲍晓慧，侯慧．电力系统可靠性评估述评［J］．武汉大学学报（工学版），2008193（04）：96-101．

[121] 陈琳．分布式发电接入电力系统若干问题的研究［D］．杭州：浙江大学，2007．

[122] 肖定圭．含大规模可再生能源的电力系统灵活性评价指标及优化研究［D］．上海：上海交通大学，2015．

[123] 肖定圭，王承民，曾平良，等．电力系统灵活性及其评价综述［J］．电网技术，2014，38（6）：1569-1576．

[124] 张洪明，樊亚亮．输电系统灵活规划的模型及算法［J］．电力系统自动化，1999，23（1）：23-26．

[125] XU FANGJIN，HUANG QINGXU，YUE HUANBI，et al. Reexamining the relationship between urbanization and pollutant emissions in China based on the STIRPAT model.［J］. Journal of Environmental Management，2020，273．

[126] MENG M．，ZHOU J. Has air pollution emission level in the Beijing–Tianjin–Hebei region peaked a panel data analysis［J］. Ecological Indicators，2020，119：106875．

[127] WANG Y．，WANG S．，SONG F．，et al. Study on the forecast model of electricity substitution potential in Beijing-Tianjin-Hebei region considering the impact of electricity substitution policies［J］. Energy Policy，2020，144：111686．

[128] YANG D．，LIU D．，HUANG A．，et al. Critical transformation pathways and socio-environmental benefits of energy substitution using a LEAP scenario modeling［J］. Renewable & Sustainable Energy Reviews，2021，135：110116．

[129] YAN Q．，WANG Y．，LI Z．，et al. Coordinated development of thermal power generation in Beijing-Tianjin-Hebei region：Evidence from decomposition and scenario analysis for

carbon dioxide emission [J]. Journal of Cleaner Production, 2019, 232 (SEP. 20): 1402-1417.

[130] AKLIN, MICHAËL, et al. A global analysis of progress in household electrification [J]. Social Science Electronic Publishing, 2018.

[131] NOPMONGCOL U., GRANT J., Knipping E., et al. Air quality impacts of electrifying vehicles and equipment across the united states[J]. Environmental Science & Technology, 2017, 51 (5): 2830-2837.

[132] MAYSOUN IBRAHIM, ALI El-ZAART, CARL ADAMS. Smart sustainable cities roadmap: Readiness for transformation towards urban sustainability [J]. Environmental Science & Technology, 2018, 37: 530-540.

[133] CORNELIA F., KNODT MICHÈLE. Sustainable energy transformations in an age of populism, post-truth politics, and local resistance[J]. Energy Research & Social Science, 2018, 43: 1-7.

[134] CANTARERO M. M. V. Reviewing the nicaraguan transition to a renewable energy system: Why is "business-as-usual" no longer an option [J]. Energy Policy, 2018, 120 (SEP.): 580-592.

[135] CHEN H., YANG L., CHEN W. Modelling national, provincial and city-level low-carbon energy transformation pathways [J]. Energy Policy, 2020, 137.

[136] KADIR KARAGÖZ, RIDVAN KESKIN. Impact of fiscal policy on the macroeconomic aggregates in turkey: evidence from BVAR Model [J]. Procedia Economics and Finance, 2016, 38.

[137] SIMS C. Money, income, and causality [J]. American Economic Review, 1972, 62 (4): 540-552.

[138] SIMS, C. Macroeconomics and reality [J]. Econometrica, 1980, 48: 1–48.

[139] LUETKEPOHL, H. Vector autoregressive models [D]. European University Institute, Department of Economics, Working Paper, No. 2011/30.

[140] CHUANHE XIONG, SHUANG CHEN, LITING XU. Driving factors analysis of agricultural carbon emissions based on extended STIRPAT model of Jiangsu Province,